智慧之毛第二集
Mahteaecihi

小白豬的自我認同

Voyu.W | 吳新光、Iusungu.W | 吳伯文 合著

推薦序：不言的智慧

　　和新光兄相識多年，在一些重要的事情上，常見他自在微笑、不言以對，這境界很耐人尋味，且總是在事後讓人領悟到，原來那一笑真是滿滿的智慧。

　　就如，新光兄在沉著靜默中瞬間連續快速出手，完成首本著作《智慧之毛》後，迅即又將第二本精彩大作《小白豬的自我認同（智慧之毛第二集）》展現在我們面前，這樣成竹在胸、快慢相互爲用的節奏，實在令人讚嘆不已。

　　《小白豬的自我認同（智慧之毛第二集）》以原住民族人的自我認同、自信於傳統文化價值、戮力於族群語言和文化的詮釋和傳承爲根本，進而期許和其他多元族群的相互欣賞，彼此相攜前行；〈山林奇遇記〉是作者自身體驗和原住民族人在山林中的眞實奇遇，描述傳統生活智慧的累積，記述對大自然懷抱眞誠敬重的深厚文化內涵；〈鄒族隱喻〉則藉不言而喻、無聲勝有聲的山林智慧，含蓄隱藏長者的人生歷練和文化傳承於三言兩語或舉手投足之間，其意境直堪後輩族人之追隨與細細品味；〈鄒族傳統美德〉在深層介紹esvxtx（口頭約定）如何成爲鄒族奉爲至高無上的行爲與道德約束，再強調人與大自然的和諧相處，並顯現鄒族人崇老遵古、敬重長輩的傳統美德；〈蜂與鄒族人〉以幾

乎將蜜蜂視爲家庭成員的情懷，說明鄒族對蜜蜂、虎頭蜂、胡蜂和膠蜂生態習性的瞭解與實務經營分享，讓人發現其正視自然生態保育的觀念和進步做法，更是走在當前所推動的林下經濟政策之前；〈鄒族特殊傳統技藝——euvuvu（風笛）〉是鄒族特有的，爲我國原住民族群早年即出現使用的竹片製樂器，曾爲部落間傳遞緊急訊息，或於miapo（播種祭）當日工作結束後，併同yusunu（打陀螺）爲娛樂競技活動；〈原住民議題之觀念溝通〉以積極行動，撰寫、彙整並架構原住民傳統知識體系，展現原住民紮實生態智慧之可貴，於體現時代快速變遷的趨勢中，讓優良傳統文化得以被看見、保存並發揚光大。

　　新光兄經常是靜默寡言，卻如充滿天地般寬闊的大智慧書寫著令人驚豔讚嘆的篇章，他的作品總是在言或不言之間，有太多的隱喻和故事，有太多引人深思的智慧，這些都在等待著我們進入慢慢地品嘗、吸收、豁然頓悟和自在發想。

行政院農業委員會　農業 張老師

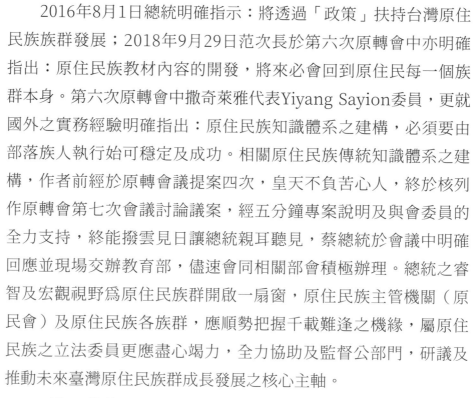

自序

　　2016年8月1日總統明確指示：將透過「政策」扶持台灣原住民族族群發展；2018年9月29日范次長於第六次原轉會中亦明確指出：原住民族教材內容的開發，將來必會回到原住民每一個族群本身。第六次原轉會中撒奇萊雅代表Yiyang Sayion委員，更就國外之實務經驗明確指出：原住民族知識體系之建構，必須要由部落族人執行始可穩定及成功。相關原住民族傳統知識體系之建構，作者前經於原轉會議提案四次，皇天不負苦心人，終於核列作原轉會第七次會議討論議案，經五分鐘專案說明及與會委員的全力支持，終能撥雲見日讓總統親耳聽見，蔡總統於會議中明確回應並現場交辦教育部，儘速會同相關部會積極辦理。總統之睿智及宏觀視野為原住民族群開啟一扇窗，原住民族主管機關（原民會）及原住民族各族群，應順勢把握千載難逢之機緣，屬原住民族之立法委員更應盡心竭力，全力協助及監督公部門，研議及推動未來臺灣原住民族群成長發展之核心主軸。

　　原住民族傳統知識為原住民族群，自古迄至今不斷發展及累積而成的生活智慧，是鞏固族群團結認同所形成的實用性知識、更是為原住民族部落緊密關聯性之集體記憶及共同資產。於國家政策大力支撐下，各族群皆競相全力復振，惟現代原住民族子女

或學習者，已無過往單一語言及全族語化之生活環境，族語文化又無從直接拷貝傳承及快速內化運用，學習者尚必須要先學習子母音及語法結構步程之現實困境，今日耆老與族語文化快速消逝，制式教材著實又有緩不濟急之憾！

故經與部落耆老及小犬伯文再三研議，遲暮之年未來持續擔任志工以外，將賡續採以貼近部落生活實務，融參深層族語文化逕續創作強化文化載體。部落耆老takasi訓示：「鄒族語言雖尚未完全整合亦未成立鄒語文化之核審機制前，只要有能力或意願爲鄒族之任何族語或文化創作，縱然不甚完整或只是回憶錄皆可，將提供逐漸成長之語推組織及族語發展協會研議討論、彙辦整合之重要參考資料源，未來更將可彌補制式教材之缺漏。」

筆者係長時期任鄒族文化及族語志工，有族語老師的協力、家族成員全力支持及甚多各階層原、漢朋友的熱情協助，實爲孜孜不倦爲薪傳使命之動能。

《智慧之毛》首本各篇皆以全族語化爲主（有中譯文）。本書《智慧之毛第二集》第一篇採原、漢對譯呈現外，其他各篇皆以漢文爲主，融參重要族語詞彙及深層文化內涵，其中原住民族時勢議題及鄒族隱喻等皆屬拋磚引玉作爲配置，期使讀者朋友共同爲苟延殘喘的落日珍寶奮筆疾書，及對原住民文化更能深入探索，以認識鄒族爲入門，再進而瞭解臺灣原住民16族群文化之驚豔，共同來「勤讀今人之書，閱古人之世」共勉之！

目錄

壹、前言

　　mahteaecihi（智慧之毛）係原住民族對大自然的心靈對話，亦為鄒族先人智慧之展現，大自然界多由細微如mohanmho（絨毛）彙集而成後，飄散各地落地生根，重行生命旅程繁衍大地，適存及和平共存於美麗新世界。人類復如是，為先人知識與經驗不斷的累積及傳承。聚焦臺灣，現今臺灣為多元文化自由民主社會，臺灣原住民族群及原住民傳統文化確有其存在價值，且足可代表為臺灣人類史之核心主軸，故臺灣原住民尚存一絲氣息，不應自廢武功、痰迷心竅，而迷戀於虛幻物慾及外來文化中，期能波震漣漪為原住民族群所關注。

　　本《小白豬的自我認同（智慧之毛第二集）》，除為真實的地理環境並採擬人化敘述外，皆以原住民族群族語文化及山林間現實生活為主要內涵，多為學校所無法習得之原住民傳統文化與知識之陳述分享。但因臺灣原住民族群前曾受外來政權、文化及宗教的影響而迷蹤失路，恍恍迷離，未來原住民子孫已毫無逕作復振之能力，故當今世代原住民族群長者，應順勢掌握住國家友善政策，全力為子孫及自屬族群積極努力，始得以重行復振族語文化及延續傳承。

　　本書係從鄒族之族語、文化、地理、歷史、動物、植物等，甚至身體部位、人之稱謂、狗名、顏色等，尤其將課堂教學時較難啟齒之兩性特徵，採傳統文化輕鬆自然方式帶入，並以鄒族阿里山達邦村「達德安部落」之實際地理環境為背景，用童話故事、擬人化方式呈現，並融參甚多已鮮少用到或近消失的深層族語及文化，本篇以鄒族族語「語意內涵」之表達為主（漢譯誠難精準對應）；極為優美並具智慧之鄒族隱喻，作者僅為拋磚引玉之期；此外，山林知識及各類蜂之認識，皆係甚為寶貴族語及文化之參考資料，更可提供部落或學校延伸教學之參考工具書；最後一篇屬臺灣原住民族當代重要議題，逐一深入並客觀紀述分享，期待原住民年輕族人能回顧探究，並正向關注原住民族核心之相關議題。

　　《小白豬的自我認同（智慧之毛第二集）》，係以〈小白豬的自我認同〉、〈山林奇遇記記〉、〈鄒族隱喻〉、〈蜂與鄒族〉、〈鄒族傳統美德〉、〈鄒族特殊傳統技藝〉及〈原住民之觀念溝通〉為主要內涵概述如後。

一、小白豬的自我認同

　　「自我認同」是為一種自我界定，小白豬的自我認同，恰反應時下年輕人因大環境之快速變遷致生認知失調之窘境。而「學習他人文化的同時，千萬不要丟棄自己的根」。政府刻正全力扶持復振原住民族群，但外力僅能從旁輔助，唯有族人始能作自屬

「文化及語言」完整的詮釋及承傳（本篇以鄒語爲主附漢字譯文）。

二、山林奇遇記

狩獵是高山原住民族群基於生存基本需求所爲之行爲，是訓練年輕族人成長最佳傳承及教育途徑，也是原住民與大地建立互爲關係的方式。因原住民族群之生活、狩獵等各項種種皆在山林之間，優秀的獵人必然可轉型成爲國家生態保育實作員或最佳行政助手。尤其逢山林關鍵時刻之緊急應對或常理無法解釋的事實現象，如發現某些出現在不該出現的地方及聽到不該在當下聽到的聲音，因若非眞實的存在，就是某種對你磁場相近，彼此心靈的相會或某種警示，故不論是有形或無形，皆應學會彼此欣賞、溝通及尊重，謹作實例分享。

三、鄒族隱喻

在鄒族社會而言，隱喻可謂是闡述並解釋自屬文化與認知機制之互動關係，進而彰顯其背後所隱含之社會文化意涵，是一種年長者人生歷練及智慧的展現，傳統鄒族同齡層熟識的長者，會有所謂「鬥智」，即多採隱喻論戰，極具激勵及教育之功能。鄒族山林智慧中，回顧40年前新中橫公路高山測量在艱困的山林環境中，毫無娛樂或活動可言，耆老常以歌唱、故事或彼此展現智

慧採以族語之隱喻鬥智教育後輩，筆者更以八天七夜重返八通關越嶺古道，圖探尋大分、多美麗及瓦拉米等地曾經測量地區相關聯之蛛絲馬跡，以強化及補足近遺落世事長年塵封的記憶。

規劃中之《智慧之毛第三集》即為「新中橫公路高山測量生活札記」，亦期能為子孫留作未來教育及傳承之參考資料。

四、蜂與鄒族

林下經濟係屬傳統原住民族群生活之常態，當前國家轉型逐漸正視自然生態環境保育，甚符合原住民傳統無毒友善耕植之理念。林下經濟之「蜂」類一族，對原住民現實生活及文化皆息息相關，有著密不可分之關聯性，常是既期待又害怕。除人人聞之喪膽之虎頭蜂外，族人認為最忠實的大自然朋友為蜜蜂。當蜜蜂春天遷離時，老人家也會有明顯失落的感覺，在老人家心裡頭蜜蜂儼然成為不可或缺的家庭成員，為使讀者朋友更易理解，除參考專家學者及蜂農實務經驗外，另併作鄒族對蜂之關聯性及實務分享。

五、鄒族之傳統美德

鄒族傳統是崇老尊古敬重長輩之民族，人際間更是以禮相待、相互敬重。傳統原住民族群沒有律法，對鄒族而言esvxtx（約定）即為至高無上的行為及道德約束，為鄒族傳統社會約定

俗成之不成文規範人人遵守。鄒族重視人與自然和諧相處,何時墾荒,何時焚獵、施放陷阱、徒手捉魚等,人際倫常及處事作為,可散見於鄒族傳統社會中,謹就尚可追憶且即將消失之優良傳統文化併作分享。

六、鄒族特殊傳統技藝euvuvu(風笛)

鄒族部落係以大社會中心向四周成長及發展,並散居臨近各個山頭,在早年交通不便的年代中,euvuvu曾為鄒族部落間傳遞緊急訊息或於miapo(播種祭)當日,工作結束後併yusunu(打陀螺)作為娛樂競技活動,後用做為趕鳥器,現在除了被當作鄒族童玩,風笛也會出現在一年一度的鄒族生命豆祭開幕儀式中,因早年臺灣原住民族群中,僅鄒族出現及使用euvuvu,可謂獨特傳統技藝之文化傳承。風笛很適合用來當作教學器材,在有專人示範及教導下,培育學生之專注度、謹慎度,並可安全的學習使用各項險危工具,為有利傳承及教學,謹彙整實務併作分享。

七、原住民議題之觀念溝通

筆者2018接任原轉會鄒族委員起,更積極學習作時勢剖析創作,以部落角度回應原住民族各類事務或政策為主軸。回顧當時時空背景或許不盡符合現代快速變遷的時勢,但曾經確實存在的經歷及中肯論述,對讀者或年輕原住民族人具積極助益,期導引

原住民族部落能以理性之寫作論述替代街頭陳抗，甚符合總統轉型施政「由下而上」之民意及夷將主委「部落爲主體」的施政理念。謹彙整20件上架自創作品併作分享。

貳、本書特色

1.「天生我材必有所用」千萬別看輕自己，尤其身為原住民族人更不應妄自菲薄，「學習他人文化的同時千萬不要丟棄自己的根」，要學習完全「認同自己」更而建立「自信心」，而自信心來自不斷的自我精進、自我更新及截流而上，因昨日的優勢必為明日的趨勢所取代，所以原住民族應著力在重生及復振。本書具積極激勵個體認同自我及認清時勢。

2.本書係鄒族傳統山林智慧及真實的生活知識，多為學校所無法習得之寶貴經驗與知識，可深化讀者對鄒族文化之認識，可趨使為師者不斷自我精進學習，更可成為學校、部落教育或延伸教學之參考工具書。

3.轉趨多元文化、多樣性及多族群的臺灣社會，期能有助於原、漢及各族群之間相互瞭解之參考讀本及與鄒族之間對話之入門。

4.對族語及文化，未來子女已毫無自我論辯之能力，期能刺激並激發現代原住民族人能勇於學習「自我定立」積極創作，因自己故事應由自己寫，始能作完美的詮釋。

5.豐富的山林知識及傳統生活智慧，可補足鄒族族群千字表、九階教材、鄒語詞典及早年由上而下漢式族語教材之缺漏，更能貼近部落族人。

6.智慧之毛各集，對教育部及原民會刻正積極推行之「原民族傳統知識體系」之建構實具補強之功能。

7.本書提供各類反映當代原住民相關議題之觀念論述，期導引原住民族群「年輕族人」，勇於學習並關注原住民族群之核心議題及未來成長發展之相關事宜。

參、小白豬的自我認同（鄒語）

iachi bohngx ta iachi ci fxecx'ia

to taicosi ne moso feohx no 'tueva, 'o mimia nanaehuehunga ci inoconi, mo mi'usnu to ak'i ho mainca "os'o ocia yuevaha 'o kelusu", mo yut'ingi 'o ak'i ho mainca " 'a tako no aiti！hoci teko ocia…ci'a teko no uhtan'e", homo yuptot'ingi mo na'no c'o mahsahsonx, at'inghi ma'i mi'o'so a'sxftonx tma'hongxte, ma'imioeno mipiohi, mo akameosx emeumeusu engochi 'o inoconi, te uhto emoo to ak'i, tenana eakaako nomo someoisa cimo kua'onga ci hahocngx no fex'x ho e'maine'ei, ne mio os'ocu petohxeva cohivi, 'iama pahtiaeciha no hioyapo no fex'x na isi yainca kelu, zou o'as'a hxefxnga hocieno o'te boki no hahocngx na isi yainca ta tan'evo.

to ceonx, la asvxtx yaa potvoevoya la meiavovei ho mais'a mo na'no kokaekaebx, ho asvxtx tosihahtu to keolo ci ehxngx to tapi'eongx to tonpu to kelu, siho mo akameosx aepohx o'te ake'i aot'ou, la mais'amo yupa bochio ho yupeahngxyx, nenusino isi yainca ta kelu "mio'so maezo kuzo ho mo angu yonghu".

'amos'a noana'o, 'o inhe micu ngangho'x, yainca to ino, ten'a asonx conci feohx hocieno o'te minpuski tac'u yayo(zou! maincis'ala na'no lua… acni epei to fexngna hote yayo?), lamia alx acxhx o'te m'ov'ohx 'e mimia cono emoo, 'o maniniacmo'na ho i'e mao'o'oko la acxhxc'o nocmu'u ho mooteo, soupuzu ho bxengx to f'ue ho f'ueevi, panto maezo tahiapa'ea, mi'o bxhtothomx to bunukae, o'amos'a aomane tec'u yayo, zou ba'i 'omo macngihi to oko no fex'x, acxhx mo maskxveiaucni 'o okosi, mo man'i 'ecu pepuskasi homo maica, asonx mimaska ta yae'oca, cu acxhx tmuezuhu tmukua'onga no cinkoya, yoonghu ho isi aiti homo mihmxxhmxsk ho yusuuce, at'inghi 'o mo coni, zou 'omo atva'esi putisi, cis'a haa'o tmufxecx'ia, acxhx naa'no mau'no'na'o, yainca to ak'i ho ito amo "ma asonx kuici a'ausna, 'ates'a axt'xcate, mate ehocneni!", 'at'inghi 'o ba'i mo na'no e'exyxcx ho isicu ala tos'onki, poa--fxecx'ia 'o ongkosi, zou sia na ten'a no'so smeec'ho hxfkxtx, imia acxha na'no xmnxa.

'e fxec'ia e'vono so'okosia, os'o asngcvac'o ta'unano mo atva'esi h'unasi, 'alas'a ahtu oupeipei holan'a ih'unu mais'a mo tma'hongx ho mi'o aomotx'x, mita nama hoh'unasi no kaebx bonto ehxngx no tapangeosx, beahci to koea, f'ue, f'ueevi hoto h'isi, ko'ko mo ih'unu na'no yosku, at'inghi aacnic'o mais'a mo ma'nanac'o ho mimxxfcxngac'o homo mi'usnu, ci! mais'a pano tesi ocia poacohivneni a'o. 'acueno ! mo'u yaa ceia ne mo'u saipa m'oatnxtx, suaho mi'o nana mita pcopcoknx, zou to apihana to--maeno ci teisisi, te'o akoyu no mioci uhne yamunuyana('o isi tnguci to emoo to ak'i'u), te'ocu nana axlx to'sihahtu, zou te'o mioci bispueho, 'o os'o yainca to cei'u, mo na'no huaca yayuhu, tom'omo'hkuyu ho touupopoh'o ho ake'i yoci'ci'o, mo mo'usnu ho akameosx tosvo, mo ake'i mie'cu ho mituhcu tamo yac'x ci teisisi ho mainca "os'o 'aooka ocia tuocosi suu, at'inghi acniac'o o'te tiv'ov'oha pateafa, mihin'i acxhx kua'onga, manci a'oc'o 'emo mih'unasi?" homo yonto cei, ci-- mais'a mohocula anana'o aesiesii yupa bohngx, at'ingha akameosa o'teake'a ta'cx'ha zous'a siaa! nemio, mi'o esonx ho mainca "mioeno kuzo! naho no aiti 'e lulku ta emucu'u mioeno hmxskx 'e hia tacvoh'ia, isimono bitoyange cimo sxptx ci nanat'ot'ohaesa ci hcuyu, mio eno hmxskx na hiahe bankake ho meoisia, miko atv'esi mau'to'tohxngx, 'antekocu cohivi ho ta'cx'ha---zou cuma na os'o athuca engha!".

at'inghi 'amos'a'so ahtu meelx moyafo tamo moc'xc'x ho ekoekotu ci 'tohngxte, ko'ko 'amos'a ahtu meelx 'aveovoeyx co 'tohxngxsi, ho iachia yota'hongi hocu mais'a mo aususuhcu 'oha na tiskova co piepiasi. leasin'a'so tu'asngcvi tuocosi ta maa'a'ahaevasi 'emo hmxskx ci pat'a'ausna("mimu acxhx kua'onga, manci mi'os'a ih'unu fxecx'ia?"), sia na teno'so ahtu bochio! zou ho o'a ihe cohivi! mateno'so av'a nate hia yut'ingia, lac'ueno biansohx mopkaako, isi atotaveia tuocosi 'o silo mia, 'e silo mita mahsahsonx ho mainca "'a

oko'u na suu, ahtu oko to inosu, aiti 'a mito na'no miataatiski ! ",
micu naamacu aasoe na'no kuici 'tohxngx ho na'no nac'o, zou maica
lasi'so anana'va na'no kuzoa 'e silo, lata anguc'o'so asngxcx pomacongo
po'engnx ho po'pa'hi yamci, zou ho micuno noana'o ho isi sotpu'a 'emo
kuici 'tohngx, zou tono atva'esi mx'eona to 'tohxngxsi, ho o'a isi peela
exsxseoma ho yop'ungvi, honci no panoisic'o eheupoepea hocieno o'te
mahsasonx ci pat'ausna ho po'pa'hicocvo, lasi acxhac'o ta'unano ihe
ang'osa, hocu iachi na'no ma'kuzukuzo ho ma'nanac'o('e yatatiskova
mala anana'o maezo na'nosino maica, 'ola lua moc'xc'x 'tohxngx
ci yatatiskova, o'a lahes'a iachia cohivi namo 'oha xmnx ci iachi
'tohxngx, honcieno pathx'ti ho pa'cohiveni, la at'inghic'o yunsonsou
ho sx'no, zou hocieno o'te naamac'o ta'unano ihe zua mituhci ekvo'i
ho hxfkxti). mo conci kuici suvoi ho ake'i toyonpuhu ci fexngna, panto
tesi noso peipeis'ausna--psasoe mongoi ta emoo.

la anana'o sopopeispak'ia ho 'oha tmaolalx, zou ta cum'ana haa'o
na'no tvaezoya ho mais'amo peismamaata'e, zou panto tesino'so athuca
hi'hioa, ta maitan'e tesicu asansana hioa, yaincano 'tohxngxsi, te psasoe
mo'usnu maita'e hote fexngna, la bumeemealx tiut'it'inghi, biue'ie'io
ta aukukuyungu, tosvo yunsou hocu smoefti'i tomo atva'esi cxecx to
ceo'x no fatu, hocu mais'ac'o thokeainx, momayahe ho e'ofehni to
peongto ceo'x, zoucu mof'uf'u to yaskioe cu sainpuesa 'o patinsohasi,
cu e'oc'o mo'ofeihni tomo ake'i yo'hunge, tom'om'ohkuyu ho e'oc'o,

o'amo moomanete, cu esmi to ceono maaya, 'so na'no yophino hucuni, lac'o moototoefxngx ho osnic'o ethxsx to ceono atuhcu, mo'ofehni to micu cpucpuhu ci niala ceono e'ohx, elx to o'ana isi titha ci ceonochumu hocu mo'ofeihni.

ne micu mocaefi tomo tnootno, mamicu'so na'no ngoseo ho mecu, cu esmi tomo ake'i yo'hunge, to vhona to ceono chumu, ma panto mo mais'a sifno kokongx ci esbobuka, ne tec'u mioci m'ohkuyu ho mimo, ta f'uhu, mais'a mo tmalx nomo mainca "fxec'iaa… fxec'iaa… ", mo ngohexngex peiskokameosx ho totoefxngx to hxngx no cohu, hocu peispopoha'o ho mioci buhfafeoi, mo teolx tomo sxchxxmx cimo kua'onga, at'inghi 'o fnguusi mo bohvavovei, ci… ma cumaaa? to meoino fatu, zou to veinasi, haa'o tmalx tomo na'no tmunguteo ho mainca " 'ote smoyo, 'ote smoyo ", ma fo'kunge no ak'engca, 'a isi amaka husansani cu toekokaci ho smo'usnu mai'ta'e, o'amos'a aomane, ma isi'so psoeto'to'va 'o mo yaabobonx ci snumaseo no ta'cx, ko'ko micu no yam'o ho tmuha'o! mo conoo yo'hunge, ho tasansani taovei tomo menghifi ci teisisi 'o fihngausi, naamamo smoyo hocu smo'xe'xeyx, boese'u, o'te biue'i'io hocu no su'to mo feongo, o'a mocu mo axlx ma'vovei, ci mais'a pano mo pohpoe'ohx ninca pcoo to h'aemonx to feongo, cu tmalx tomo na'no tmuha'o, mais'a mo nooyo no mongnx ho mainca "ma cumana osko smoyoa loepapcoo！", mo o'te meelx aot'ou smoecucunu muesisungu ho mainca "teko ana a'o?", taovei 'o mo mainca "o'a te'os'ate！'a teto nanghia, teko at'ingha auevahe eezuhi 'emo nat'e ci pcoosu", ne mio mo mei'usnu 'o yophova, mo mi'usnu ta hiaemoza ho mainca "zou sia taini?", 'e ak'i no hiaemoza, isi yainca " 'a nangihia'u 'a fxecx'ia 'e ongko taini!"

ta tuhcu ta fnguu'u, mo yaa kahkxmnx ci evno thoango, tomo boheovcu ci e'htisi, panto mo conci zomx, mamo meelx tmavaevoezuhu ho alx tec'u meelx tmaipopaezumo 'o fnguusi, mo mainca "'a loemomco ci puku na a'o, fxec'ia tekos'a uhnenu?", aomane, 'omo yonto mafeofeongo to evi hoto feongo to spispi to fatu ci nat'ohaesa. 'ima micuno'so noana'o buhfafeoyx, 'o kupica ho pucku ho kakatu, uk'a na ci ihe ta'sasmoyoai cu biansohx yuyafo, ho ianan'ova engha 'e ma'i'iachihe ho a'xmtx 'aveoveoyx homo yupa bobohngx tamo faeva ci nanghia, ne mo seolxa no acxhx na'no kokaekaebx, ne covhi, mais'a pano isi talxi ho ausuhca tacmu'i, mo cono yo'hunge 'o emunisi, mo--ho ho saa, ne mio haa'oc'o mais'a uk'a 'e fuengu, acxhx c'o peiskokameosx totoefxngx, yainca ta ak'e hiaemoza"'amala atuhca smoyoa ita mo 'o'oko no yuansou ta fuengu", aupcio ohmxemx ta emoo'u, 'e feongo ta f'uf'u ta ceaf'u mo'so na'no lomtx, 'e omiata feango'u conoc'o'so noyafohe, ne mio, mo i'mi to f'uhto hngxhcx tamo tngceofx ta omia 'omo mainca "ohaesa ci fxecx'ia, aupcio uhtan'e", yainca ta ak'e hiaemoza"'aman'asi uk'a ci lahes'a smoyoa, mo na'no taso ho maefnaso ci maa'a'ahaevasu, naho to'o'ofeihnihe！" mi'usnu ta ak'i no hiaemoza ho ma'veoveoyx hocu mo'usnu mai'ta'e.

zou micu fihta maa'a'ahaevasi hocu haa'o uk'a ta nkonkou ho niniumo, at'inghi o'amocumo'so a'sxftonx memealx moot'ot'ou ta fuengu 'e fxecx'ia, cu esmi to beibeiahngx pantomo tmoheafo ci meoe, zou to f'uf'usi, panto linki, lahin'i anana'va 'oyona peispak'i ta maa'a'ahaeva'u, to o'a mo covhi zou to oi'isi, panto la toehunga xmnxa ima ci chumu, mi'o mioci mais'a ta 'a'ahaeva'u ho kua'onga, kaebx homo aucunu tmalinki, zou c'o mcoo 'omon'a cinkoya a'xmtxs'a peiskakaebx, at'inghi o'amos'a noana'o, zou ho micu ake'i apeapo, cu'so i'vaho mais'a to auyusi, ho maica o'ami'o'so ahtu toc'xhx ta maa'a'ahaeva'u, hocu ninca'so mi'a'ausna'u ih'unu mih'unasi, la'u asngcva ta'unano lahe cocvi ho ah'una ko'ko mi'ocu mongoi.

cu maica, cihcihi mo'usnu mai'ta'e, mocaefi to oko no fofeohva, cis'a haa'o esmi tomo na'no cocoya ho cofkoya, isi na'no taunona'vx ci 'oyona, panto isi p'eac'a ci fatu ho poa yuepe cimo yofnu'u ci ceoa, isi taukukuyungvi tomo oko no fatu, yainca no 'tohxngxsi, mate na'no xmnx na eni, te'o meelx totoefxngx ta f'uhu ta fatu, tehe o'te teolxi ho o'te pealxi nomo cohexcex ho taso ci poepe, 'a micu no'so angucu ngoseo ho kuicicu soehxpx, o'amo amako aomane cu engeosngusngu ho eheachi, zou to ceisi, sua ho mo nana no'upu no mo botngonx, e'vono uk'a ci isi honga, at'inghi ihe na'no toehunga xmnxa, toehungneni peispak'i ho pasunaeno , a'xmtxs'a kokaekaebx ho ax'mtx alx tusmome, iachiasi tacuni homo tuk'ek'eo , at'inghi c'o osni 'ivaho oengxtx, ne mio, zou to ceisi, pano mo na'no mimaecnghi cimo na'no m'uum'u ci yasngx ho loef'xsx tomo cinkoya ci mameoi ci ak'i, mo teos'ofx tom'om'ohkuyu ho toupopoha'o , tuhtu'iei ho mocmu'u, mo ake'i mie'cu ho mainca "fxecx'ia! a'xmtx 'aveoveoyx ho miko uhtan'e aiti a'o ho no'upi a'o, nahoo ovaha si o'amocu iko oepxnga ci cnxmx, at'inghi 'ote'so i'vaho smihi'u ci mo nafcucu".

24

mono'so yacei ho smihi'u, mo nafcucu ho noe'xcx hocu soyxmx, to 'tohxngxsi ausuhcu ma'kuzkuzo, mamos'a mainenus'a maenuu 'o ak'i？ moc'on'a'so a'xmtx o'a mocu mo ake'i bobochio note ta'kuzkuzoa ho kuicicu 'tohxngx, o'a mo aomanete, cu tmalx tomo tmunsohx ci teo'ua ninca asonx taptuana, cu tohtoyovcu ho ake'i yua'iei, ho aasvxtx mihmiovei, 'so ake'i mais'a mo yxc'x co tx'tona, mo'usnu maita'e ho eh'ecachi, ci! zou nana 'o lahe yainca " 'aaviana hoci no o'te kayakuma?"

esmi to yuafeofeo zou to ciengonasi, haa'o tmalx tomo na'no yasai mo--holon holon sa, micu cocapo ho smolenge to thxcxno nia kahkxmnx ci c'osx ho biue'ie'io, 'ima someoi no suyoi, ma asonx eni 'o lahe yainca suyozana, to vhonasi panto moc'o mohpoyapohe, to skufusi panto mo oko no yo'nxngx, yainca no koesi, mate uhta'ehe!

cu mon'i sxc'xhx to aaskiti tomo etxpx mxhmxengxcx ho biue'ie'io, mamo a'xmtx sobankake ci suyoi, tomo sopepea, to isin'a so'exc'xha, panto mo tuyu ci eiski mo mooyaipepe, mamo asonx cono emoo cimo no mais'a isi pa'cohivi toesoso 'o okohe, to taicosi zou mei'eohngx mo man'i ho na'no meimayahe, to ake'i yaceacnasi macu toiva'va'a, toeslele 'osimoc'o mais'ate yupa ep'xcx to h'oman'a, a'xta taunonavx 'imancis'ala o'te yupa meitotokx, mamo moyomo homo angu'aoko buh'ofehni to toiva'va'a no 'amngu, zucu 'o tokeuya 'omo mais'a mo meimamaata'e ta aukukuyungu, acxhx amatbxtbxtx 'aveoveoyx ho eabobonx.

ne mio, mo man'i si kos'oza ta chumu, 'omo someoisa ci kakusungusi, mo tmunguteo ho tmupopoh'o ho mainca "manci mikoc'os'a cihcihi?", 'omo mamoce ci yongo mo smolenge to fatu yxxsxsxzx ho mainca "mikon'asi cihcihi psasoe mongoi no emoosu? ", cu haa'o yxhyxesx hocu alx tmxh'xtx ho tmunoi mongsi, mo mongsi ho mainca " o'ami'o'so mihmxskx to maa'a'ahaeva'u, ko'ko mi'ocueno na'no nac'o ho mongoi to emoo'u" , tomo c'o ake'i vhongx ci pouya, panto mo tmaifufutu ci toezana ho i'o mo tmiehi ci yxngo, mo tunsohx tuk'ek'eo, mainca 'omo somolenge to moezunge ci kokomxfeofx "nongonongo ci oko, nahoeno aiti mihin'i hmxskx fkoi, mihin'i eno mihmxskx?", yut'ingi 'o mo yonto mo ake'i bankakehe, cimo mahsaho tomo fxecx'ia ci mon'a oko no nghou, zou ci mais'a mo na'no tmangeai ci ino no nghou ho mainca "'oee! fxecx'ia! naho no aiti 'e oko'u, mo maezo mih'unasi a'o, lea'u no ah'una, namala'u na'no xmnxahe", iscu to'si to micueno ahoi nayatungia ci mo meoi no beahci no tahiucu, mo na'no cohxmx, zoucu 'o moc'o tmiehi ci tec'u alx aaso ta koyu'u, ci micu toetuetuhu, mo 'oisu ho tmuha'o no ake'i tmusmoe'xe'xyx, ci ba'ihe no kakatuno sapci, mo manica " zou sia na moso la paun'u ne mosun'ala oko? " 'o laco asngcx cicihcihi cimo teneo ci toteoak'i mo mipco ho mais'amo mahsiuc'o, mo na'no mlingi no tmunoi ho mainca " la'u na'no tata'e tomo botngonx ci conoemoo ho man'i ci 'oahngx ".

mancis'a maica! ne mio, mo na'no tomohngx, haa'o mais'a tecu fexngna, ho haa'o paplxplxkx 'o apihna mapupuzu ho feufeu hocu meipci 'omo bankakehe ci fahei, maita'e cu pasunaeno 'o ak'engxca, mo tmucioyx ho pa'hi yamci a'xmtxas'a ko'sosmoyo na maica, mi'o bxchxmx ho o'te aot'ou, ma o'ami'os'a osni ma'voveite, to veina to teisisi 'o kua'onga ci moatx'nx, mo tmucioyx ho mainca "nongonongo ci oko! tac'u mxchx aupcio uhta emoo'u", aiitii mamo'so na'no pepe, mate mainenu honci uso, mo mei'usnu 'omo conci uhngu, mo buata'os'osx ho mainca " 'ate'o sviei suu! ", ne mio mo i'mi to feongo to vhona to suyoi 'omo euupopoha'o ho mainca "aupcio uhtan'e fxecx'ia ci tekos'a tmukua'onga ho toa'sisa", aomane mo haa'o i'mi ta f'uhu ho smoyafo 'o yoco no veoveo, mo mainca "'ote smoyo, 'a ak'e moatx'nx ico, teto evasxzx ho uso ".

ta f'uhusi pantocu tei'i, hu'hu, ftxftx, siopcocu ho fa'ei ngesangsi, mo acxhx na'no 'aptaptaxngx no kokaekaebx, i'toteuhu papika hocu tmunsohx tmunoi ho mainca " 'aveoveoyx faeva ci nanghia'u!", mo m'ohkuyu ho bimakaci tesi akoevano poa smolenge ta fngusi na a'o, mi'ocu sxxlxlx tiavazoto koyusi ho sumahtxicx, a'xmtxs'a smo'eucocoyx ho noosohuyu. 'o mx'eonasi 'amamo cocoya ho meoi no feongo, 'o fuefu'u ta ceoa, panto isi na'no huunona'vx cimo 'o'okono feongo ho tataucunu i'o mo tacvoh'i ci mais'a isi pof'onga ho 'omo alx yuhcuyu ci mat'et'ee, mo euc'oc'ou ethayo 'o veoveo ho mainca "otes'ala smaicmu'u tamo mais'a isi pahpa'ea cimo ake'i yofnu'u ci fuefu'u, 'amo man'i 'ola smoyoa la o'te tayaevi ho huaevi ci maitoeno tintinofuzu, 'i'iku ho timeo", ne mio, acxhx yupasuski ehohamo ho pahpasunaeno ho popa'hicocvo ho buhbuamangeci, a'xmtxs'a fxhngoya'e hie maitan'e! aomane, cu petohxeva cohivi, 'ima hiesino yayoto okono kuafei'a maitan'e, ihe nouteuyuneni ho tooyokeoi, aiti'o foinanasi pantomo kua'onga, fxecx'ia ho cinkoya mav'ov'o, mo hmxskx acxhx na'no yonghu, ho tec'u auski mioci exsvxsvxtx, miono o'te a'xmtx na'no i'vaveohngu, at'inghi hotesicu evaha'o koasi emongoito emoosi, c'o matnxskxcu tayacingea… haa'o smoes'xsx'x hocu alx tmxxlx ma'a'e mai'ta'e.

'e ak'ino moatx'nx, mo mo'usnu ho mit'oengoni, tuyafata sumsusi si sufeoasi ho mainca "honciko xmnxci 'to'tohxngx, uk'aci tes'a buh-

參、小白豬的自我認同（鄒語）

27

kuzono mi'a'ausnasu, nahono aiti'e botngonx 'e mi'a'ausna mia, mioe-
no totiski, zou mimia acxhx na'no nananghinghia, 'a isino faenino ak'e
mameoi, zou oko'uci fxecx'ia, leaeno ahtu acxhx maicana hia xmnxci
aa'a'ausna, aiti ta inono teongo, micu acxhx eyovei, 'a tac'uno hosoyx-
ma, temiacu acxhx man'ici hioa, te acxhx aoyocx totenala ma'o'oanx-
no hosoyxma, ci tenas'ala tumiono sio, o'ana tehes'a peela cumasana
suute, ko'ko misu i'mino nenu 'a teko yuovei nonenu, to emoosu ihe-
no ahtao'te huhucmasa i'ima na suu", zou, acxhx maikukuyungu ho
mahsxsxftx.

nemio, isicu iachia a'xmtacu yucohivi tomo atva'esi noms'eonxci
'tohxngxsi, mihmietuhu no ake'i o'mxsx buveici bitotonx yukameosx
tmunoi ho mainca " a'xmtx ma'veoveoyx ta botngonx ci nanghia'u" ,
zou mic'u petohxyx a'xmtx iachicu bochio ho ma'sansano tec'u yuovei
maine'e. zou mipiohino hie ho fexngna homo emaine'e, to ceonx 'so
angu fozu 'o chumu, isi to'usni to mo'eyoe' ova ho 'ayumomangi, mo
e'txyxto vici hoto konaknx isi titha mopihito toolongx, tomo yxskx,
is'so homxti 'o coenx, zou tei'i ho kutipa ho ak'esayangx 'omo e'mahafo
ma'io ho moeepehe, ta ceonx, mo eniusuto yapuya'eoza, cuhu, fxc'x,
kupia, kxmlxya hoto tohfeocuto isi ana,

cu asonx miemohi petohxyxcu sxc'xhxto isicu hongaci 'oyona,
cu'so a'xmtx ma'meumeusu no main'e, mo sio ho ca'i ho ngoseo ho

smoekeukeucu'e mabxya, zouho ake'icu skakavici, a'xmtx uk'anaci tonx, tac'u mon'i ma'payo'x cimono smo'exspoyx hocu cocongeoha 'o isi teo'si, cuc'o a'cx'cxnva pnanfi na hian'a yansoua, ne isicu aiti 'omo fxecx'iaci inono av'u… silo, micu c'o haa'o sukeukeucu hocu ma'payo'x to oi'i to hnou, 'amo aomante(te asonx tmunsohx na veho), cu ake'i bochio ho ihe paikukuyngvi, mo tmalx homo ya'ei 'o botngonx, at'inghi mo uk'ana amako ake'i tonxno teolx'o, isi atva'esa siata 'tohxngxsi 'omo euteoteozu ci e'e to inosi " 'a acxhx'u oko na muu, 'a mitoeno acxhx cono emoo；zou at'inghi'so, mo maan'i 'o… lamiano o'te ta'cx'ha, ma o'a lamia pexhcx'hi", cu butaso peismome ho petohxyxcu a'xmtx ma'txtxs'x, 'e sapci mo aucunu ca'i ho linki, tmxsx'sx'x ngxngxcx ho kakanti 'e isi pahsaha, mo namamo sinoi sx'fxnx ta inosi ho mainca "'ana te'osa ahtu mongoisu ino", zou 'oa panoisicu ake'a yoocohivia homo maica ci hia movaknoknon'i aviovio hocu bongx ta iachisi.

肆、小白豬的自我認同（漢語）

小白豬的自我認同

　　於三月中旬，我們家鄰居的阿姨向一位阿公說：「我想借你的kelu（雞雞）。」阿公回以：「妳就看吧！如果想要……妳就過來。」應答之間是非常自然，但我卻是一頭霧水，沒過幾天，阿姨突然催促著要我隨她到那位阿公家，牽回一隻大黑豬公回家，當時我才知曉，原來kelu（雞雞）是種豬公的隱喻，在此並非指男人的生殖器或私部。

　　半路上，常有黑色的蝴蝶開心的飛舞著，不時停在豬公的嘴角蜘蛛網上的枯葉，有時候二者會靜止不動，像是相知及溝通，也許豬公說：「太帥了真還是不行！」

　　過沒多久，家裡的inhe（母豬）懷孕了，媽媽說：可能還要一個月或二十天才會生出，在出生的當時（奇怪！怎會總是選在晚上出生？）全家人都沒睡意，女子及小孩都在臨近等待著，並生起火來烤地瓜、木薯還有花生，我還試著烤山藥，不一會兒要生了！祖母接生，一共生了十一隻小豬，牠的第二胎算是很多，大約十餘日，所有的小豬都轉色成黑黝黝的，長得很相像又整齊，所以看起來甚是好看，其中一隻最小的卻轉成白色，大家都非常好奇，祖父及爸爸皆認為是異類不可留下要放生，祖母堅持

且已取好名字叫：白色，又有誰膽敢阻止？我們都一樣疼愛牠。

　　這白色的，雖然牠最小，但總覺得牠最特別不一樣，從不挑食，且只有牠好像會聽懂我講話，牠特別喜歡吃構樹葉、佛手瓜、地瓜、木薯及米糠粉，所以長得特別快，但我看牠總似孤單喪志的望著我，咦！好像有什麼事很想要讓我知道。果然！在我嗜睡中的夢境裡，我正路過樂野河谷中yac'x ci teisisi（聳立巨岩尖石）的對岸，想要去山美部落的yamunuyana（外公家之地名），當正要停下來想祭神的時候，夢中所見的他，是蕭瑟鬱卒放低身子一跛一跛的緩緩走著，他走過來突然佇足，卻側身正向著尖石說：「voyu我一直都想問你，但總是來不及說出口，他們都是黑的，為什麼只有我長得不一樣？」因夢中像是極為熟識，但卻是一時想不出來是如此熟悉的陌生人！我非常自然笑著說：「那有什關係？看我手指頭哪有一樣長的？看對面的四兄弟山頭有一樣高一樣大嗎？你是最聰明的，你應該會瞭解及想得到我主要在說什麼！」

　　他仍一直無法走出鑽牛角尖的念頭，所以他總是無法愉悅開心，而自己就能感受到靈氣的消弱。他依然不時的問其他的兄弟同樣的問題：「你們都是黑色的，為什麼只有我是白色的呢？何人能知道！」他們都不知道，更不知該如何回答而紛紛閃躲離去。他最後問我家的silo（狗名：小白），小白順口一聲說：「你是我的小孩！不是你媽媽生的，看我們長得很像哦！」他更是暗自傷心又難過，因他壓根兒就不喜歡小白，因他經常大吼大叫的嚇人。當陳年累積不好的想法，久而久之在他內心底層的惡

苗無法弭平解開，只要有任何風吹草動或一句無心的語言、玩笑，他都會誤以爲大家排擠他而抑鬱寡歡黯然神傷（人們大多亦爲如此，愛鑽牛角尖的人是意識不到自己問題的，當別人好心道出時，他卻如傷弓之鳥只會光火或生氣，更反而認爲是故意找麻煩、刁難的針對他。），某個漆黑無光濛濛細雨的黑夜，他做了重大抉擇——離家出走。

平時他最貪玩及調皮，這幾天突然變得很乘巧又勤快，其實另有目的，今天眞的下定決心，心想就黑夜行動偷溜出去！他小心謹愼躡手躡足並環視周遭，屛氣攝息躍落最矮石牆處，再賊頭鼠腦的快速循著石牆下側而行，接著走大岩壁下沿到末端，再循著小凹處放低身子往上走，沒多久，就走到ceono maaya（日本路：日建古道），因很怕被發現，他躲躲藏藏快速的脫離大路，往上循著已經雜草叢生的獵徑，找到已廢棄之小渠道沿流而下。當他經過刺蔥區已是又累又口渴，正巧渠道右側小窩地有一處小小湧泉，當牠想要低頭喝水的時候，後方隱約聽見：「白色的——白色的——！」他驚嚇的躲入菇婆芋葉後側再緩緩偷窺，只見黑色的動物站立著，頭卻左右不停的晃動——不知是啥？側邊石頭上傳來低沉天蛙的聲音：「別怕！別怕！」，並未看清楚就驚嚇的狂奔離去。不一會兒，驚動一隻覓食中的公山羌，使其警戒聲滿山滿谷，對岸橫向峭壁清晰回音，當時更加害怕的發抖，而不愼摔落黑洞中，尚未回神之際，頓時感覺屁股被推頂著，洞內傳出像是在竹水筒內的微弱聲音——「你在害怕什麼？大屁股！」他無法動彈，顫抖結巴的說：「你會吃掉我嗎？」「不會

的！我們做朋友，但你得先移動你的臭屁股。」此時一隻黃嘴角鴞飛過來說：「穿山甲爺爺他是誰啊？」甲爺爺回以：「他是我的朋友他叫──他叫小白。」

　　頭頂上，有很粗大的江某樹，往下側枝分叉處有一隻小鳥，頭會轉來轉去甚至可轉360度，他說：「我是大眼睛的貓頭鷹，小白你要去那裡？」不一會兒居住樹洞及石洞的二位堂兄弟，原來老早就偷偷觀察，蝙蝠、壁虎、蜘蛛等皆認為是安全環境不約而同的現身，並自我介紹，大家非常高興認識新朋友，正當大夥歡樂之時，隱約可聽見由遠而近滿山滿谷的「ho、ho」叫聲，此時林間突然頓時寂靜無聲，大夥紛紛快速離開，甲爺爺說：「那是森林小動物的頭號殺手，快到我家裡，枯木下的洞穴是外大內小，我的身子總是大半暴露在外。」此時來自上側坡面，棕竹背後的聲音：「白弟弟快過來。」甲爺爺說：「他們是你天不怕地不怕，很強壯又愛說大話的兄弟，就跟去吧！」小白豬向甲爺爺說聲謝謝後就離開了。

　　於是他就跟著大哥哥們快速消失在密林及曲莖馬蘭中，但尚不諳於野地行走的小白，到達beibeiahngx（烏皮九芎林區：達德安社區之地名）下側，一處凸出大石頭下方之泥塘水，為哥哥們的遊戲天堂，下側不遠處是大家喜歡喝的山泉水，為讓身體變得像哥哥們一樣全身黑色，全身泥濘，只有眼睛是金亮的，真是開心極了。但乾了沒多久又恢復原來的樣子，且實在也無法跟著大哥哥們之腳程，又因長相不同，常會不經意的誤以為被取笑而離開。

肆、小白豬的自我認同（漢語）

就這樣一個人走著走著過了小溝，無意間到了一個寬廣乾淨又奇怪的地方，有立柱石頭且有堆高較鬆軟的土堆，並用小石頭圍起來，心想這是好地方，我可以躲在石頭後方，就不會被發現又吹不到冷風。因很累又睏，一會兒就打呼說夢話，睡夢中置身在很多人的地方，大家都非常喜歡跟他一起玩、一起唱歌，他甚是開心的在睡夢中大笑到清醒，還自己聽到自己笑了出來的聲音呢！但隨即又入睡了！此時夢中，一位慈眉善目鬍長白髮的老爺爺，拄著杖，面帶笑容緩緩的走到跟前微側身的說著：「白色的！歡迎你來看我陪著我，請把你尚未吃完的香蕉吃完哦！但是，請不要再在家中尿尿會有尿騷味！」

因睡夢中尿褲子，尿騷味重及濕冷而清醒，心中越想越不對！阿公呢？阿公在那裡？單純的尚不知有不好的想法或思維。當時聽聞公雞啼叫聲，應是角端社部落吧！於是便出發了，當下切再橫走時，他充滿疑惑逐感寒毛卓豎，但仍繼續走著走著，不時回頭遷延觀望，這……難不成就是他們所稱的aaviana（墳地：地名）或是kayakuma（日本神社）。

切到稜線轉彎處，忽然有非常大的轟隆轟隆聲音，他就攀爬並佇立在折斷樟木樹頭上觀測，是一個非常大的瀑布，原來這可能就是人人所稱的suyozana（瀑布的所在：地名），在右側有一處水流比較小的地方，下有小淺塘，心想就到那裡吧！

到達一看，原來也很深，他從深塘邊擡頭望，真的是很高的瀑布，在最高處，還可以看得見之處，有三隻雄鷹mo moyai pepe（在做天：順氣流而上），應是一家族在教他們的小孩如何

行；中層處有燕子又飛得很快，下層些是蜻蜓，數量真是驚人，飛來飛去像是會打結，怎不會相撞呢？當擡頭一直盯著美國蜻蜓頭會暈；再者就是蝴蝶在周遭飛舞，大家開心覓食忙得不可開交。

此時，水中成群的蝦子，其中最大的蝦王聲音低沉慢慢的說：「您怎麼只有一個人？」軟殼蟹在石頭伸懶腰說道：「你是不是獨自一人離家出走了？」他淚兒滿眶不由得嚎啕大哭，邊哭邊說：「我跟我其他兄弟長得不一樣，傷心才離家出走。」一棵大聖誕樹上一隻又長又大的過山刀及垂下來一條赤尾青絲哈哈大笑：「傻孩子！你看！我們倆都是蛇，顏色一樣嗎？」

一隻抱著小白猴，若似濃妝豔抹的母猴，在較高處回應說：「嘿！白小子！我的小孩跟我顏色也不一樣，我不會有異樣的眼光看牠，反而更加疼愛他唷！」然後丟一粒已開始nayxtxngeai（外觀濕滑近似有臭酸味）的超大桑椹果，「接好！很甜哦！」接著垂到耳邊，已是滿臉皺紋且帶有沙啞微弱顫抖聲，近乎觸碰到耳朵的蜘蛛祖母說：「你小時候是誰餵你吃奶啊？」平時隻身的toteoak'i（河烏鳥）背著牠，尾部不停的像沾水之動作並不時回頭，聲音尖銳大聲的說：「我好羨慕你們有家人及親人。」

奇怪！大晴天忽然像是要天黑般，對面的杉木林突然pili pala作響，同時帶火花、冒白煙，長的比較高的杉木從中間被劈成二半，緊接著pasunaeno co ak'engca（雷公公唱歌：打雷），因電閃雷鳴瞻顫心驚的目瞪口呆遲未回神，左側岩壁上的

moatx'nxno kua'onga（黑色的山羊：臺灣黑熊）大聲喊道：「愣小子！要下雨了快來我家。」但天啊！那麼高要怎麼上去？此時飛來一隻馬雀耳鬢廝磨曖昧的說：「我可以背你上去啊！」此時瀑布右前方底層的石洞內，傳出緩慢低沉聲：「快過來！白色的！不然你會變黑並脫毛哦！」忽然自後方蹦出一隻母的梅花鹿並說：「不要怕！那是山羊老爺爺，我們一起過去吧！」

背上有條蚊松鼠、深山竹雞、高山帝雉、紅嘴黑背及白鷺鷥，大家高興的歡樂聲，拍手三次再大聲高喊：「你好——我的新朋友！」梅花鹿四腳張開低著頭讓我上去，我就雙手握著其雙耳穩穩坐著，真的是舒適及視野寬廣。內部為碩大岩洞層，然而岩下砂地令人好奇，有甚多個凹陷的小圈圈、數處被挖鬆的土條及地上滿滿的排遺。梅花鹿輕聲提醒的說：「可別靠近那挖掘有泥濘的砂地，有很多可怕無聲無息的蜱蟲、跳蚤哦！」此時，大家輪流說故事、說笑話、唱唱歌，真是開心的一天，隨後才終於知道，今天原來是小錢鼠生小貝比的日子，大家前來道賀祝福，小錢鼠有白的、黑的、金色的，各種不同顏色但都十分可愛，輪到牠要講故事，他是非常謙卑，但當他又要重複他離家主因時，他講一半情不自禁的想念……，就眼淚就奪眶而出隨之嚎啕大哭。

羊爺爺起身走過來蹲在他跟前，取下煙斗說著：「只要你有一顆善良的心，沒有人在乎你的長相，你看大家的顏色、長相都一樣嗎？而我們且都是好朋友，那是上天給你的特有的，小白吾

兒！不是每一位都有如此好福氣哦！」

「瞧！蜜蜂媽媽們都遷回來了，就快要入冬，我們大家都要忙著覓食存糧準備過冬，可沒人會管你哦！你從哪裡來就該回到哪裡去，你的家人必然天天急得到處找你。」大家的好言相勸，那時，他內心深處終於真正深刻領悟到，哭著臉淚轉抿嘴堅忍大聲的說：真的非常感謝這麼多我的好朋友們——他終於明確自我認知——他要回家了。

他感動大哭：「謝謝大家。」隨卽連夜數日趕回家，途中因河水瀑漲還有mo'e yoe'ova（水晏）、'ayumomangi（鄒族之夾肚蟹）之協助拉葛藤及血藤渡河，因土石流山路中斷有條紋松鼠、小赤鼠及黃腹琉璃等帶領高繞，沿路找yapuya'eoza（芒尾蟲癭）、cuhu（芒草嫩筍蟲癭）、fxc'x（苦茶樹蟲癭）、kupiya（桑奇生）、kxmlxya（豬母草）及tohfeocu（竿頭之品種）果腹。

約第五天了，終於到了熟悉的環境，因心急著回家，又餓、又髒、又累、小腿腳抽筋及有點氣喘體力不支，已是累到昏頭眼花滿天星星快暈倒了，依然堅持拚出最後一口氣，當看到白狗媽媽就安心放鬆的累倒在屋下側完全不醒人事，沒有多久時間（報時鳥約叫一輪），在睡夢中像是感受著大家圍繞著他，清楚也聽見大家的聲音，但卻是沒力氣的睜開眼睛，最令他感動的是媽媽溫柔的語調：「大家都是我的心肝寶貝，我們都是一家人；只是

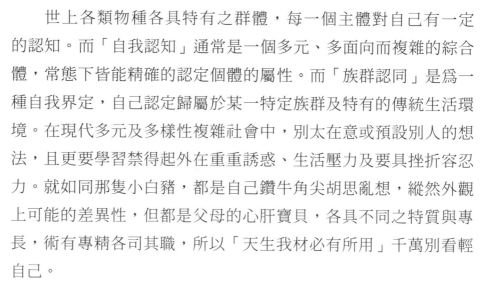

有很多——我們是想得到，但我們卻做不到」，經全力掙扎而正式甦醒，他滿臉泥濘是眼淚鼻涕、全身污濁被抱入懷裡，他更緊緊環抱著媽媽說：「我再也不要離開媽媽。」如此應有著不同的領悟。

啟示

　　世上各類物種各具特有之群體，每一個主體對自己有一定的認知。而「自我認知」通常是一個多元、多面向而複雜的綜合體，常態下皆能精確的認定個體的屬性。而「族群認同」是為一種自我界定，自己認定歸屬於某一特定族群及特有的傳統生活環境。在現代多元及多樣性複雜社會中，別太在意或預設別人的想法，且更要學習禁得起外在重重誘惑、生活壓力及要具挫折容忍力。就如同那隻小白豬，都是自己鑽牛角尖胡思亂想，縱然外觀上可能的差異性，但都是父母的心肝寶貝，各具不同之特質與專長，術有專精各司其職，所以「天生我材必有所用」千萬別看輕自己。

　　早年人類為自給自足，可努力工作而直接獲得食物，滿足生活照顧家庭，係單純求溫飽為生存而生活。現代人類努力工作，係為獲取金錢，再用金錢換取食物，滿足現代化生活，古今中外人們同為努力生存而工作，而現代人類多出物質上人們無盡的慾望，為滿足個體虛榮心及比較心的「名利及權位」而喪盡人性，更是永遠無法滿足人性之貪婪而迷失自我。尤其身為原住民族人更不應妄自菲薄，要學習完全認同你自己而建立自信心，因「族

語及文化」是你與生具來特有的祕密武器（閩、客語皆同），是身爲原住民族群長存斯地之條件及驕傲，他人無法強奪除非你放棄。

　　「族語及文化」是外力所無法深入之領域，民主國家已不斷核予優惠待遇，但政府或專家學者僅能從旁輔助，唯有自屬族人始能作完整的詮釋及承傳，強化自信心、自我認同及團結爲屬王道，而自信心來自不斷自我精進與學習，始得以與時俱進跟得上時代脈動。

伍、山林奇遇記

　　狩獵為早年人類進化為農業社會前，最重要的基本生活物資來源，再則進入商業社會作經濟行為及至現在科技作休閒觀光產業。鄒族傳統係依賴及信任野生動物主要活動區之闊葉林地帶，除非執行任務鄒族人是不會超越闊葉林區進入了無生息之寒原帶，故自古鮮少有對臺灣百岳有興趣而成為登山達人的鄒族朋友，就「山是水之源頭，森林是水的故鄉」而言，原住民族群堪稱是臺灣水資源故鄉「原始森林」自然生態環境的首席維護者。

　　而獵槍僅屬近代社會科技文明隨之而來的狩獵工具，用槍毋需與動物鬥智及學習太多傳統狩獵知識與技能。就如現代化年輕獵者，持獵槍搭乘專車，沿途採用手電筒照射，見到二點亮光就

舉槍射殺，對尚不明就理的動物，僅只好奇的雙眼望著人類，生命就結束了。尤其架設狙擊鏡紅外線，對動物著實不公平。

就山林實務經驗，成熟之獵人所應併同思考者，當非必要而必須面對動物時，必以維護自身安全及不傷害動物為主，諸如當下所處位置，常是選擇離開或應對之首要考量；若必須採取必要措施，係採正面應對方式、採單粒彈頭或霰彈、鋁箭或普通箭、倒鉤或無，若未一槍斃命，牠負傷可能是無情的回擊，獵者將又如何保命或如何應對？是否有第二次射擊機會（原住民族獵槍是毫無快速第二次用槍之機會）。若牠負傷逃離如何pee'ofeni（追蹤），而牠負傷必然會中途mooteo（等候）反擊，在在都是身為獵者經驗與智慧累積，也是降低傷害風險及獲得獵物之重要課程。原始山林若大海深處尚有人類未觸及的不同或神祕領域。

為如屬純高山原住民族之鄒族而言，狩獵為鄒族男子存在及其生命的主要價值，獵人恪遵hupa（近似傳統領域）各家族及個人獵場及esvxtx（約定，可謂鄒族律法）為人際倫常之規範下運作。不會狩獵的男子及讀書人，鄒族稱kuici hahocngx（沒有用的男人）或toipo'txsi（雄蜂，只會交配啥都不會），於部落是毫無地位可言。

鄒族之傳統社會是極為尊重山林，鄒族是狩獵民族，但並無「狩獵」之專有詞彙用語，皆以某種隱喻為之，如cocoeconx（走一走）、bihbiavovei（散散步）、tmatmaseiti（勘察）、miocimifeo（想去探測）等作陳述，用詞謙恭柔和，可免驚動其獸靈及對飼養者（山神）之不尊重。尤其在事前之準備工作之

ma'cacei（占夢）、ma'vazomx（鳥占）、出發前pasnga（被打噴嚏）及bispueho（祈禱祖靈奉山神護佑）等，皆具非常深厚的文化內涵。人人心存善念對山林謙卑，鄒族耆老的訓誡：於山林中，人因不瞭解而致生恐懼，降低恐懼在於獵者之經驗累積。若因恐懼而起跑乃屬大忌非亡即傷。因此刻若起步奔跑，無形的朋友見你是鼠耳之輩而更加逗趣，害怕而奔跑則無法自我克制停住腳步，山路急速狂奔易碰撞傷、smoekeukeucu（抽筋）、摔落身亡或是pa'extxhx（心臟衰竭而亡）。山林間個體常會莫名膽顫心驚、肩頸發毛或緊張害怕為屬正常，但不論是有形或無形，若非明確對你直接接觸或壓迫性的威脅，應要學會彼此欣賞及溝通，數則身歷其境的類似相關實例分享讀者朋友。

一、人的眼睛會發光

電筒照射人的眼睛會發光一說，於常態下為無稽之談，因人類非夜行性動物，理論上眼睛是不可能照射會反光發亮。但依耆老傳說且不無可能，因鄒族有所謂之fngxfnga（動物靈魂附身勢弱者），旁者見其為動物之形體，或燈光照其眼睛會反光，故鄒族獵人寧可信其有，任何成熟的獵人不論日、夜狩獵，必然會有再三確認之動作。夜間用燈光照射會反射發光，若關燈仍見光，則為遠處之星星、燈光等；若關燈未見光，則必然是夜行性動物，但你且必要分辨為何種動物，因蜘蛛、水滴珠等新手常情急當活靶彈箭用鑿它依然安在，最後自己嚇自己；又為何只見一

隻眼睛、爲何見到三隻眼、爲何眼睛一大一小及不對稱；又若是位處地面，則格外謹慎，尤其是臨近人類活動場所，如道路上、獵寮內、獵寮附近見到獵物，多會先眨眨眼、甩頭或咬舌清醒自己，另學鳥叫聲、吹口哨或咳聲，釋出訊息再三確認，鄒族獵人是寧可欣賞牠，看著牠靜靜離去，尤其若牠不怕人類或人的氣味時，相對的牠是不怕你（在等著你），或不該是你在這個時候、這個地點該看到的，或就是你緊張的頭昏眼花，此刻它對你並無惡意及立即危害，就當作與你投緣吧！

　　2020/05/02《聯合報》某族原住民男子凌晨1時狩獵開槍誤擊舅舅頭部——疑似視線不佳；2015年12月6日凌晨1時某族原住民男子同友人至烏來哈盆溪打獵遭誤擊；另某族原住民一對父子一同前往丹大林班地打獵晚間11時許父親遭誤擊事件。不論是何種形式之傷亡皆是應注意而未注意，或如同鄒族所謂的傳說中的fngxfnga（人若氣勢弱動物會附靈其身，而他人見時爲動物），因情急未經再三確認而成爲誤擊事件，尚領略不出山神對你某種美好的意旨或考驗，故與獵者之純熟度及實務經驗實有著密切的關聯性。

二、molongx（中邪）

　　因全家在稻田農忙，中午同兄長到臨近河邊的達德安溪釣魚，該區爲屬著名的鬼樹sxvex（茄冬樹）區，也就是前達德安生態步道的主角茄苳巨木群，該碩大茄冬樹爲誘鳥樹種，其果實

甚爲五色鳥、紅嘴黑背、野合子等鳥群所偏好，該區爲屬吳家傳統採擷愛玉子區，但家父從不准兄弟倆爬上該處樹群，僅專責檢拾父親所割下之愛玉果，該區族人從未有人敢對之不敬，所以該區鳥類與人較親近不怕人類。因每日是彈弓不離身隨時掛在脖子上及口袋必裝戴石粒爲樂，便就趁哥哥未看見時偷偷持弓射向小鳥群，百年高大巨木群彈弓射鳥並未能如願。魚、鳥毫無收獲，而換來突發莫名之高燒、抽搐並失去知覺，祖母明確爲molongx（中邪），確定是到茄冬樹區有不敬作爲（打到的不是鳥兒）。祖母就用其方式epsxpsa（簡易之去邪術）及ma'cohio（告知天神），高燒喪失知覺竟隨卽不藥而癒之奇。

　　達德安自然生態步道係由在地居民不用水泥、鋼筋等外來資材，而皆是就地取材所建造之自然步道，因屬山谷及較背陽區，生態極爲豐富，同達娜伊古一樣爲鄒族最負盛名地區，常是遊客慕名指定到訪之自然生態園區，八八水災因降雨量過大，造成上游多處土石流致生數個淺塘或小堰塞湖，其潰決的連鎖效應，將「鄒族達邦自然生態旅遊協會」，引以爲傲多年來共同努力營造成果一夕間化爲烏有。八八水災前之奇異現象，前夕還託夢兄長，卽樹神化爲熟識的漢族朋友，身著學生制服向大哥說：我要離開了，並揮揮手道聲再見！

　　鄒族古道中有無數個特殊必須bispueho（奉祭）路過要祭神祈求平安及護佑之區，達德安並非列屬鄒族部落之傳統奉祭區，惟鄒族達德安生態步道開放後，僅爲觀光客隨鄉入俗及文化教育（瞭解文化、尊重山林）而營造設置祭拜區（如圖）。

原達德安生態步道文化及生態解說亭及奉祭小亭，八八水災一夕全毀僅成追憶！

　　如位處達邦往特富野卽二大社之間yaitisana（地名），爲一般族人不太喜歡單獨一人或夜間經過的路段，但鄒族長者多將此處做爲休息站及用餐區的自在親近，只要路過該處必先自備食品，或身上有什麼就分享什麼（只需一點點姆指大）並告知路過及祈求護佑平安。該區往往是筆者年幼時自達德安上十字路或去來吉部落重要之精神支柱，稚幼的心靈常期望山神能保佑打到小鳥及祭拜山神後會有食物可享用。

三、因而戒酒

家父爲屬鄒族早年之知識分子之一，曾任里佳國小教師，但因是獨子，祖父早逝，吳家地大山產物多，家中農事祖母實無能力一人承擔，父親便辭教職而務農並照顧弟妹。鄒族早年與外隔絕尙無公路前，每逢山區活動或宴會全採羊腸小徑徒步相互往返，平時家族間各忙各的，因山中並無其他娛樂活動可言，喜宴常是農忙之餘最令人期待族人朋友相逢歡樂時刻，若酒過三巡不便於行，主人便會爲安全而強行留宿。

家父參加離家步行約一小時外，卽從yuac'osa（取樟油區：吳家地名）路程到達邦社區之傳統喜宴，家父事前允諾家母會提早回家，隔日要陪同家母返回一日行程外的娘家yamunuyana（屬山美村之地名）。經taptuana（角端社：現在達德安主要聚落區）至達邦約五公里，約需1小時之羊腸小徑，家父已習慣於快到達邦社區前vokuungo（防空洞）洞口邊，備妥預留的竹製腊燭筒，回程時夜路照明使用，也展現一定要返回的決心。

與yuansohx（同年齡層）難得相聚歡樂無限，因是帶有甜度之山地小米酒並不易酒醉，與太白酒及桶酒混摻而飲，逐有酒酣耳熱不勝杯杓之感，因隔日要aopa'to（晉見）老丈人，看其狀況又尙屬正常，主人便不予強留。惟步行熱身後漸趨不良於行（甜酒之後作力），行至hcuana（地名：道路上側溝渠右邊有棵大茄苳樹）本已不良於行，當燭火變小近熄火時，有白衣服衆友陪伴，當要摔落或跌倒皆爲其及時攙扶著，與熟悉的陌生人一路比大小聲談天說地，行約半小時，越過suyozana（地名：瀑布的地

方）路下側也有一棵大茄苳樹，突然摔一跤撞得頭破血流燭火也熄了，便大聲責罵為何不扶我！片刻頓時驚醒，不是有很多人伴我同行嗎？覺得越來越不對勁，這難道就是傳說中的……於是羊腸小徑摸黑，連滾帶爬狂奔而回，傷痕累累，從此後滴酒不沾，也對子女下了不得沾酒之戒令，此乃筆者不飲酒之主因。父親於回程路上在數個斷崖路段，若未有一群若似修女裝扮且又是身強力壯服侍者之保護，早已跌落山谷。從此家父成為虔誠的天主教徒。

　　早期台灣之外來文化，不論是宗教、政權及族群皆係以消除異己為目的，故當年達邦大社是嚴拒宗教入境，為因時代變遷及大環境影響，終究不敵強勢之外來文化。教會對原住民有甚多生活改善及教育上之協助，當時在天主教神父之協助下，鄒族初中及國中大都讀天主教嘉義輔仁中學或宏仁女中，為感念德籍傳神父遠離家鄉拾己為人，甘之如飴犧牲奉獻一生為鄒族人，家父轉而篤信天主教。

　　家父曾為傳神父長時期得力助手，不斷努力進修而成修士，並全力協助高神父及年輕的特富野大社kingatu（領袖）復振特富野大社會所文化；且家父又是吳家fumio耆老執行達邦大社會所文化及祭屋的實際執行者（協助其堂兄fumio耆老，專責監督達邦大社會所文化mayasvi祭典儀程及各相關注意事項），並全力培育fumio耆老之孫子voyu接任吳家祭屋掌門及fumio耆老次子vunzo接任吳家長老之重責大任，vunzo卸任掌門後，應由其弟'atai接任卻因故未接，而改由vunzo哥哥vun'ici之長子voyu隔代

接任。voyu 2020年11月因用龍炮趨趕小鳥不慎傷及雙眼成盲，經奉家母及兄長指示於2021年元旦上午miapo（播種祭）結束後，同伯文前往kexpana（達邦之一地名毛長老住家，毛長老亦在現場），作吳家未來方向之觀念溝通、吳家族譜系統脈絡之討論，使'atai認同並勉於承接吳家祭屋掌門之重責大任，小姪voyu亦能安心靜養。

四、北大武驚魂記

　　原始森林存在著各類不同動物，其因不同行為模式而發出不同聲音，尤其夜半寂靜山林中怪聲多為屬常態，此應是進入山林之必修課程，鄒族耆老之訓戒：若突然聞聽有異常叫聲、叫人名應再三確認，尤其聽似喊你的名字，絕不可立即回應，因或為是動物聲、或為個人心理因素、或為錯覺……等，尤其經過特殊或曾發生意外路段，因任何風吹草動常會是自己嚇自己。

　　95年退休後，十年計畫帶著內人同摯友阿福夫婦，設訂目標探訪台灣五頂峰之宏願，而以百岳最南端之北大武（3092公尺）為處女作。出發前日因雨山路濕滑異常狀況連連，然多能逢凶化吉安然度過，次日返程下山時，離開檜谷山莊不遠處即將天黑，不及一小時即追上因腳抽筋行動不便之隊友群，阿中隊長請二名隊友攙扶慢行，阿中協助背負其登山包，因阿中隊長是全能型，除活動規劃另兼掌本隊伙食、背帶烹飪鍋等物品故行李特別大包，當時其將不良於行隊友之背包側掛胸前，並快速往前跟上前

行隊友，內人邊走邊嘀咕：怎如此背法太危險了！踩著疲憊的腳步忽然堅定語句：走！我們跟上阿中（事後始覺得應屬女人的第六感）。當時心想也期望能早些到登山口可回來協助傷患。隊長在暗夜山林飆速，初學走山路的內人必然無從跟上，心想安全第一而緩步，與內人行約半小時，因吾總會作夜間觀察，並作解說或分享（轉移內人晝夜交替時，高度敏感不安之情緒反應），越過山稜為峻峭石壁路段，寂靜的夜晚，僅遠處溪溝對岸之kaangi（夜鴉）聲，忽聞一道淒厲「新光」之叫聲，吾聽而不回答，而內人看著我，即高喊：是阿中嗎？再回一高分貝則慘叫「新光救我……」，留下膽怯的內人在漆黑的小路，並囑以原地不動讓我安心馳援。經研判係胸前斜背登山包底部，碰撞路邊右側石頭之反彈作用，而翻落近七十度陡坡面近十公尺處，不愧身手矯健的羽球健將，所幸抓住最後一棵樹並近乎倒吊於該樹上（常人則必無此幸運），下側即為斷崖，由下而上呼呼涼風格外淒涼蕭瑟，感恩山神之垂憐，數度無力音抖呼救聲愈來愈弱：「新光救我！快！」我無法下切，陡峭難直下又深怕滾動石頭，毫無思索空間的直採最快速小之字型再橫切以微弱燈光為目標。邊走邊數次的說：阿中我來！忍住！（旨在安撫情緒，我暗自祈求山神能給我分毫時間及最大力量），當由下側伸手握著救命樹時，吾手臂感受其顫抖之身子，說道：我到了！放鬆一下但不要放手。經確定其意識清醒（因若意識不清，下意識之抱人舉動是極度危險），並明確的說明，我必需左繞上側才能接拉你，因下方臨近斷崖已無立足點。鬆手後便以最快速動作繞到上側，手握緊背包袋將

伍、山林奇遇記

人同背包拉起來（其實我擔心的是那根樹是否能承受二人之重量），再將側包卸下擲向路上，此時從未登山第一次上百岳的內人已持著微亮的手電筒勇敢獨自抵達。阿中脫困上至路面後其仍驚魂未定，經典的第一句話不由自主一連數次的說：「千萬不要跟我太太說，不要讓我太太知道」，雖然我們不知道，但我們依然相信，人處於緊急危難中，最放不下的就是生命中的摯愛，阿中隊長事後再次前往並在該區答謝山神救命之恩。

另於向陽山、嘉明湖之行，於山林間未曾謀面的山友相見如遇故人般的親切，薄霧綿雨但隨入夜而霧散雲開，吾便覓材營火讓山友在向陽山屋前烤火取暖及分享人生經驗（現已禁止營火），同屬90年代尚屬年青的陽光登山隊友，其中能言善道多才俊俏的隊友，因山中遇見美女團魂不守舍的樂過頭，有意或無意道出對山林或異次元不甚尊重或自我膨漲神勇之言語bobitano ho bitaso（自傲及自我神勇）鄒族視為大忌。隔日出發前，隊長再三作活動安全提示，筆者私下對那位隊友格外關注，當日行程結束返途近尾聲，已行至向陽山屋上側不及三百公尺處應可寬心，今近14小時步程實已累到快抽筋，囑內人加快腳步可先休息抬腳，不料聽見隊長連續高喊：「新光──救人！」，由山屋上側急回頭，隊友竟是在平緩路面無端倒栽蔥，摔落路下側約六米深粗大箭竹林中，因是頭朝下，先撐扶穩住其頭部，輕鬆口吻詢問其有沒有灼熱處或疼痛處，每一個動作必需清楚告知以安定情緒，並確定意識清醒再緩緩扶起（灼熱處為外傷流血），再滑落數公分頭部即會重撞風倒木，且能不被甚多斷枝箭竹刺傷，實屬

不幸中之大幸，個人心想，爲山神給予最輕的警惕！傳統鄒族耆老所言，面對山林或住在黑夜者，必需心存謙卑及學習之心，自視甚高或過度自豪者，必將承受相對之嚴酷考驗。

五、梅峰之不幸事件

　　本行程原訂五月賞高山杜鵑，因雨延至七月成行，杜鵑花季已過，但同事仍期待前往，因合歡山一年四季皆有不同美景，且更因不同人而會有不同之樂趣而仍勉于參與。102年7月21日一早帶領三部車由龍潭出發，約十時許循台14甲線過清境農場往合歡山途中，行經將至翠峰（2300公尺）前一急轉彎處，路邊一對夫婦神色慌張在路邊攔車往路下側比手勢，我們共三部車，車隊第一、二台超過後放慢速度在過轉彎安全處路邊停車，第三台阿成夫婦直接停住，因該區大轉彎處不宜停車，筆者囑第二台車（年輕同仁）先上鳶峰（2756公尺）適應氣壓，經走回頭轉彎處觀察，該區段並無護欄，但路邊有新折枝草痕，順線路邊一棵赤揚木有新撞擊削皮痕跡，朝下看剛事故發生現場，當場坡下尚屬寂靜，吾隨即快速往上跑回頭，並延路邊折斷樹技放置轉彎處及上方尚寬直路段路中央二處，並順道開啟停放筆直路邊之吾車四角警示燈示警（因下坡車輛必皆快速）。

　　善心攔車山友雖爲消防員隊，但因該區陡坡艱險又無裝備無從下切，當時該夫婦表示第一時間已報警，心想我等留下可能會妨礙即將展開之救難工作還是先離開（不妨礙專業救難工作），

伍、山林奇遇記

51

52

準備想離開時，內人說：好像聽到有小孩哭聲！再仔細聽大夥真的都聽到了！因路況不佳，內人說消防員都無法下去，可以下去嗎？雖地勢陡峭但有小孩哭聲，哭聲就是希望，當下強烈營救小生命信念所驅使，憑藉著原住民族群受山林孕育特有之本能及狩獵實務經驗而快速陡下。經研判應是車子失控直接衝山下（當時該區無護欄，現已建置），是先撞擊路下側fnau（赤揚木）之內側，車子再數度騰空旋轉飛落，落地後再不斷翻滾至百米外較緩坡地，其間未繫安全帶之後座乘客，研判在落地撞擊地面翻滾時沿線拋出車外，在車輛翻滾痕跡下側約五米處始見散落物品，見到第一位被拋出者（女性位處最上方），顯然因受重擊已當場失去生命跡象；次一亦為女性，身受重傷似無意識難以動彈但尚有氣息；再下側，長髮紅衣女子顏面皆染血，應屬驚嚇過度，坐臥雙眼呆滯，有氣息但無回應，急赴車邊，二位男子應是正副駕駛有繫安全帶，外觀尚無大礙但並未完全清醒，顫抖抽泣口吻，囑請先將小孩抱上去並連說拜託，吾明確告知已報警且救難人員馬上到。筆者接過小女孩立即回頭並逐一安撫上方重傷三員道：「救難人員馬上到，我先把小孩子抱上去，請稍等一下」事實三乘客並無反應或回神（屬對其靈之溝通安撫），並順手取散落衣服覆蓋第一位往生者頭部。

當時伯文尾隨緩緩跟下，快到第一位受難者上側，吾就敕令停住，囑其在原地等候接小孩即可，阿文接過沾滿血尚包尿褲約二歲滿臉是血之小女孩，回程陡上，常是上一步要退二步，草雜多刺又難走，吾同伯文輪流著抱該小女孩，上至公路時有一警車

剛剛到達，正巧爲熟識原同單位（石門水庫）之駐衛警屬泰雅族之員警阿毛，相見又驚又喜，卻又是如鯁在喉有口難言，上至公路則由內人接手將小女孩抱上警車，急送清境救護站，吾同事阿成等人同警員阿毛任道路指揮，陸續有善心人士關注協助交管，上公路後約10分鐘起，陸續五部救護車、消防車及救難山靑趕至執行救難任務，吾等俟內人自清境醫護所返回後始離開。

　　十次車禍九次快，該車係車隊之最一台車，因追趕車隊路況不熟又開快車，轉彎未及煞車直接衝下摔落造成遺憾，且說「安全帶」之重要性，當時尙可正常對話意識清醒者，僅爲繫安全帶正副駕駛，後座全數拋出車外，慘痛之經驗人們實應記取教訓，自此事件後只要上車，內人卽會強烈要求「上車必繫上安全帶，不然就不要上車」。因前述因素活動行程稍作調整，但天候佳並無影響，大家都遇到生平最難忘的慘痛車安課程。再者，登山以安全爲最高原則，山不會離開，千萬莫強求！終有一天它會爲你呈現最美麗的容顏；而救難工作同以自身安全爲首。

　　「翠峰」標高2300公尺位處省14甲17.5K處；「大禹嶺」標高2564.67公尺又名合歡埡口，位處台8線112公里處，爲花蓮、南投、宜蘭三線公路之交會點。

　　「翠峰」及「大禹嶺」爲公路二端前往合歡山旅遊及雪季之「管制點」，也是雪季期間重要補給站及醫療站，車輛可在此打氣、加水，因積雪會封路，凡未加裝雪鍊是禁止入山。翠峰有此區有聞名中外的「翠峰農場露營區」（又名：卡爾小鎮），是僅次於福壽山農場2500公尺的高海拔營地。因松雪樓及滑雪山莊常

一位難求，又自平地直上3000公尺以上高海拔之合歡山區極易產生高山反應，故筆者常以翠峰露營區爲前往合歡群峰適應氣壓之前進基地，合歡主峰及東峰之間隘口的武嶺段海拔3275公尺，爲全台灣公路最高點，一年四季皆有精美絕倫不同之美景，尤其無光害風清月皎之夜景是追星族之最愛，而臨近公路之合歡群峰前四峰更是攀登百岳行前訓練之最佳場域。

六、臺東大武山生態教育館驚魂

　　2019年12月1日同內人參加太魯閣馬拉松路跑活動，活動結束直接南下太麻里拜訪即將屆退摯友阿豐，前一日阿芬及阿雅二人相約同車取道南迴公路，先行抵達並準備豐盛的火鍋，因著大夥舟車之勞稍些體力不支，「太麻里隔壁的大南橋」經典名歌唱得荒腔走板，一群人年過半百，卻如孩童開心得無法入眠，尤其終於如願前往傳說中的阿雅故居去體驗。

　　一清早，大夥如學生郊遊般愉悅心情，第一站爲林試所太麻里工作站，甚多張老師精心研究培育之牛樟木等（其爲林木病蟲害權威，比原住民還愛山林，於福山植物園任期即爲台灣松露培育之啟蒙大師），見識到老師在此曾經研究及努力的成果，也看出其對森林小寶貝之不捨。

　　今天的第二站來到金崙鄉之大武山生態教育館，在該館爲大型四層樓之原住民式外觀建築，爲林務局生態教育館占地面積最大的場館，亦爲台東地區學校環境教育之重要場域，一樓配置有

魯凱族與排彎族共同之文物展示區，所展示物品確實有相當年代之歷史文物。我同內人先入內順參觀路線逐一概略觀賞，當走到最內側時，回頭見阿芬、阿雅二人同行入場，而阿雅卻停住腳步在第三個展示品前，當下並不在意，以為她仔細鑑賞古物，當再次回頭，見其並未移位，且彎腰低頭更為緊貼展示櫃，於是便快速走到她身邊，我扶著背叫一聲：阿雅怎麼了？還好嗎？她扶著展示櫃並未立即回應，緩緩低著頭轉頭看著我，當下的眼神絕非阿雅可愛的眼神，轉回頭嘴唇是快速的話語，當下左手未及伸出只能用右手順勢扶著她攤坐後倒地，其無主的眼神不時會翻白閉合，三人等立即圍過來，阿芬隨口說：她遇到常會這樣！然後就叫「阿雅快回來了！阿雅快回來了！」，而我只能用鄒族方式，並用鄒語呼喚，當我們合力抬到展場外的木長椅上，本身即有天賦的阿芬，持續的：阿雅快回來了！時用鄒語：再不回來我就不理你了！隔沒二分鐘即有動靜，她滿頭是汗，睜開正常酷似半夢半醒的雙眼，第一句話是：「他們太熱情了！」心想！我們都緊張的快沒命，妳卻吃香喝辣去了！感謝老天保佑！喝水稍作休息，回復正常瘋瘋逗趣的阿雅，帶著我們到老家的方向金崙最深山的村莊，沿途細述她孩提的驚奇故事，以前經常會同家人渡河回老家（回家一趟至少需渡三次河水），但98年八八風災，山林劇變，大量土石流淹沒，老家成追憶！該區曾為排灣族及魯凱族和平臨近相處之區，因民族個性而選擇部落居地，靠外交通較方便為排彎族，靠山區交通不便為魯凱族，而還是阿美族的阿雅家卻是在走路半天到不了的深山裡中之獨立家屋，因一般阿美族族

群皆為靠海及住平原區，所以原住民分類為平地原住民。

　　該區生態環境因屬低海拔之原始森林山區，隱約可看出鄰近曾是人為砌成之荒廢石牆，推斷應是日治時期集中管理原住民強迫遷移之古聚落遺扯，我們車停該平坦區，約不到半小時即走到第一個渡河點，河中並未有我期待的苦花魚，且見水獺腳印、小山豬、穿山甲、大赤鼯鼠、白面鼯鼠之路逕蹤跡及覓食啃落嫩枝。阿雅說：若季節對，因離海邊近河道又無屏障，本區是毛蟹的天堂，若野地露營，夜間山林更是熱鬧，可歡樂通宵達旦，吾未曾親眼目睹壯觀毛蟹大軍，尤其是猴群爭相覓蟹的奇景及低海拔不同之夜間生態，所以還真期待能在此野營露宿呢！另百年茄苳大樹全台應有多株，但粗大、筆直又健壯者莫過於金崙茄苳老爺爺，阿雅小學時期夜間獨行，常以該茄苳為區段之路標，是人煙及荒野之交界點，更常曾是阿雅幼小心靈的慰藉。該區為至台東深度旅遊必到之處，但必需要有在地族人之導引才具實益，不然如同一般遊客，獨自到阿里山達邦村鄒族之會所，外觀不過是一棟架高大型草屋，而錯失全台唯一核列屬原住民無形文化資產祭典文化，背後所隱藏精彩傳說故事之憾。

七、耆老說笑了——火燒toayovcu蘆葦草原

　　屬阿里山山脈面朝楠梓仙溪的toayovcu（地名）蘆葦草原，即為達那伊谷溪源頭之另一面，廣闊蘆葦草原坡面，右側為多陽山、左側為達那伊谷山。因當時tayo（里佳部落對面的一地名）

僅只一戶住家，住有一對老夫妻（ak'etayo及ba'esayungu），ba'esayungu爲前鄉長阿秋之母親，亦即筆者祖母之兄嫂（屬小莊家族），該區爲當時採愛玉子的集中地點及工寮所在，當日家父等長輩們將已晒乾之愛玉子背負運送至達邦。

　　筆者跟隨ak'etayo（住在tayo的阿公），前往toayovcu下側原始森林查巡先前阿公所佈設陷阱，結果是獵物非爲其他動物所盜食，即爲扯斷鋼索脫逃而無功而返。隔日回程時準備開始進入蘆葦草原，便爲阿公叫住，用母語說：voyu把這個燒一下（手指乾枯蘆葦草）。再次帶有命令語氣，疑惑但還是用火柴點燃（心想老人家必有用意），然後他叫我走快一些，心想風速強勁，蘆葦草長時間未砍修過，山路陡坡又連續彎路，能走得比火還要快嗎？沿途以所能最快速度，阿公眞實也耗盡體力，但火燒聲逼近及陣陣濃煙瀰漫，阿公叫我快跑（我豈能不管阿公），阿公便依附在一大石旁以嚴肅口吻用族語說：「voyu先去上面轉彎處，下側先做防火道、再倒著燒火」，我瞭解其意，拼老命跑約10分鐘之轉彎處，屬小稜線草較短風又大，便快速作橫向約十餘公尺之簡易防火道，放下背包再往上跑約50公尺從上往下右側沿途點火，再至所設防火道用木枝拍打不讓其往下燒（風大火往上燒，故能控制住往下延燒之野火），目的在燒出大一點安全及新鮮空氣（氧氣）之空間，使火線在他處相接，不及數分鐘右下則火舌已串出前一處小稜線上，其強勁風勢更是加速延燒（直線向上燒，左右較緩慢），且風大會到處丟火苗（常是火線未到上方卽已起火），因獵徑係彎彎曲曲，必然不及直線大火延燒速度，不

一會兒煙火瀰漫，至少已有安全避難環境。上側突然猴群吵雜，阿公眉開眼笑說a'xmxtx fihno zomu（真的跟著鳥走：意指運氣真好），真的天助我也！開我玩笑但真的還對我不薄；猴子遇大火必然爬樹，蘆葦草原若有樹，多係獨立一棵，且也不會太大棵（因每隔數年必會為無名火所傷），猴兒多為無處可避難，煙薰不支而全數摔落火場，該區面積多火燒三天，由部落夜觀，該方向pof'ongx（火焰照亮天際通紅），蘆葦草yaipuonx（飄灰沉降）會佈滿里佳或達邦空域，火熄後部落男子即迫不及待組團清理現場，可還真是滿載而歸（嚴謹之焚獵為鄒族傳統集體狩獵方式之一）。

陸、鄒族隱喻

　　依《教育部重編國語辭典修訂本》,「隱喻」是一種修辭格。以兩物之間的相似性來作間接暗示的比喻,可使讀者發揮想像力。在文學藝術中,使用隱喻,可以表達出作者和讀者內心深處的情感,而詩人及心理咨商師是運用隱喻的大師。近如原住民詩人米雅老師,最經典的一本《種一朵雲》勤閱二年仍如置身雲霧迷濛中而專程請益,米雅老師輕鬆回以:「看就好不必看懂。」頓時憶起鄒族耆老曾說過同樣的回應:「不必懂,會唱就好,唱久了就能意會其內涵」。回憶起50年前學習收集鄒族祭歌,因長輩不會私下教授祭歌,僅會祭舞中大聲道:「小孩們注意聽!」吾隨即用日本片假名紀錄,當私下問耆老個中含意,耆老僅回以:「就是這樣唱,唱久了你就會瞭解」。

　　對鄒族社會而言,隱喻可謂是闡述並解釋自屬文化的認知機制及互動關係,進而彰顯其背後所隱含之社會文化意涵,是一種年長者人生歷練及智慧的展現,傳統鄒族同齡層熟識的長者會有所謂「鬥智」即多採隱喻論戰,有相互激勵及教育之功能。

　　68、69年參與新中橫公路高山測量期間,為不同族群之強力融合並和諧相處,主因屬漢族之林副隊長、羅總管、布農族及鄒族等多位長者,皆善長不甚標準的日語,除溝通無障礙外,另

年輕成員皆遵從長者及團體制約放低身段自我克制。漢族朋友逐能體會深入山區若沒有原住民必危機四伏更難成事，初始尚且感受到都市人之自我優越意識及強勢氣焰，因原始山林中，弱肉強食適者生存乃為大自然之定律，人類之身分、學歷及法令皆無所施，年輕漢族朋友常會目睹原住民工作實況，並經常性受到協助及關注，渠等越深入山區就越像原住民一般可愛。鄒族長者更明言：「若有受傷必是我們背負護送下山，再不喜歡也要學習喜歡，千萬不可讓他走失。」當公差或後勤補給抵達時，全員多會齊聚歡樂共享小酒、花生米及野味，原、漢長輩們多以日語之各類酒歌為主歡樂齊唱，耆老不時冒出鄒語之隱喻，再據以作為故事之開端，而年輕漢族朋友多也學會如fihno-zom（運氣好）、amo-coni（叔叔）、tx'sxno-congeoha（流星）、su'Ku'（野豬）而更加相處融洽。期望能拋磚引玉使臺灣各族群能關注自屬深層的特殊文化內涵，僅以鄒族20句隱喻詞彙臚列分享讀者朋友：

1、kuhku yac'x小偷

2、yoskx axlx苦花

3、fihno zomx運氣好

4、snoo滑溜

5、teo'sino ngiau短視

6、haahocngx no teongo好吃賴做的男人們

7、yuevaha 'o kelusu商借豬公

8、su'ku野豬

9、moatx'nxno kua'onga臺灣黑熊

10、biavovei狩獵

11、amo coni叔伯

12、nun'u faisx白茲阿姨

13、toa'ho'ho平地人

14、f'ue maaya馬鈴薯

15、ti'eopxta f'ue勸食

16、teos'ofx拄杖

17、mouyoyai keekematmohx製作陷阱

18、tx'sxno congeoha流星

19、pai'usni施法馭心術

20、poyafano po'ovnxsi可取得獵物

一、kuhku yac'x

直譯：會站立的狐狸。

實意：小偷。

因鼠竊狗偷、拔葵啖棗是防不勝防且令人厭惡，故梁上君子鄒族雅稱Kuhkuyac'x（會站立的狐狸）。鄒語小偷之常見詞彙爲thokeainx, 'oyu或kuicilulku。例：mo meo'eoi ta peisuhe ta pasuya（那巴蘇亞偷人家的錢）。

二、yoskx axlx

直譯：真正的魚。

實意：苦花。

鄒族傳統所認同及可安心食用之水中生物僅爲苦花（鯝魚），故苦花定名爲「真正的魚」，爲鄒族傳統之正式邀宴不可或缺的正統美食。傳統而言，苦花的hpicisi（它的另一半）即爲香蕉糕二者乃絕配食材。例：mo muisi'vihino hpicisi ta mameoi（那位耆老想要吃它的另外一半）。其他尚有「真正的——」諸如cuc'u axlx（真正的辣椒：即生薑）等。

三、fihno zomx

直譯：跟著鳥走。

實意：運氣好。

如cocoeconx（散散步：即狩獵）、oaimx（綠繡眼）鄒族視之爲鬼（神）鳥，聞聽（鳥占）其叫聲之吉凶決定近日作爲，若其tmusansango叫聲清脆悅耳，即表示爲好徵兆自必逢迎喜事好運來，如釣魚、狩獵有收獲或考試金榜提名、中樂透獎等皆謙稱fihno zomx（運氣好）。

四、snoo

直譯：水獺。

實意：近似混水摸魚，但尚有可取之處。

如水獺般的滑溜（微帶些苛責之語意）。常為正事工作不做或沒做好，總是特別喜歡溜去溪流釣魚或捉魚，但若有魚獲能使老祖母開心（父母實難強加責備）。

五、teo'sino ngiau

直譯：貓的視界。

實意：比喻短視、淺見。

貓最只關注周遭最近的任何動靜。如用手拉移動細繩，貓只關注細繩之尾端、用光點照明牆壁地只對光點起反應，會死命捕捉該光點。只單純對眼前直接反應，而不會有其他任何的思考或作為，未能知其所以然。對應人們只若只貪圖眼前享樂而對未來未作思考規劃，即欠缺宏觀視野及格局，鄒族人稱之謂teo'si no ngiau（短視）。

六、haahocngx no teongo

直譯：蜜蜂的男人們！

實意：一群好吃懶做成天群聚飲酒作樂或靠女人吃飯的男人們！

一蜂窩分別有蜂后、工蜂、雄蜂。工蜂爲母性，負責清巢保溫、分泌蜂王漿、築巢、採集花蜜（供養蜂后及雄蜂）花粉、採水工作及巢門守衛擔負起維安工作。而雄蜂僅負責吃及交配其他毫無作爲，族人認爲只坐享其成不做事，haahocngx no teongo 實具貶意。諸如長輩或婦女們，責備男人群聚酗酒不工作：acxhx mais'ac'o haahocngxno teongo ho uk'a nama a'a'ausna（全都像是雄蜂毫無用處）。

七、yuvaha 'o kelusu

直譯：借你的雞雞（男人的生殖器）。

實意：借你的種豬公。

傳統鄒族社會與外隔絕，家畜中以最易飼養可野放或圈養的牛及豬爲主，尤其獨立居家住戶，家家戶戶皆會飼養豬隻（因人豬食物相近共通），但豬公絕非家家戶戶皆能飼養成功，且飼主之「鄒名」爲飼養成敗具關鍵因素。吾家yuac'osa（早年日治時期提煉樟油）區，世代未曾飼養成功，而鄰近達德安聚落亦甚多飼養戶，但能成功飼養豬公卻僅一戶（莊家），鄰近若需配種則必商借該豬公執行任務。

「商借豬公」之鄒語詞彙用語必須愼重，年輕族人若欠缺語法結構之使用方式極易不愼誤用，例：amo-pasuya os'o ocia yuevahan'a 'o kelusu（Pasuya叔叔，我想借您的豬公）。其中之主格'o誤用爲si，則其意內涵截然不同（對長輩之高度失禮）。

各族群重要詞彙逐年消失，就鄒族而言，人類男女性別各具特有且較隱性生理特徵之nan'i（精液）及koezu（月經）等，專屬鄒語詞彙已鮮少族人能瞭解，主因kvo'nano pahsasona（較難以啓齒說明白），等長大後就會明白，這是順其自然之傳統教育法。鄒族嚴守傳統但崇尚順乎自然之「結果論」，總是「她當母親以後，他才開始學習當爸爸」，個體激發學習及經驗以「結果」爲動能，相較於現代人著力於至高無上的知識與經驗迴異。故各族群爲師者，可由本kelu（種豬公）輕鬆自然進入另一學門及至社會責任之延伸教學素材。

八、su'ku

直譯：獸蹄。

實意：野豬。

　　野豬爲鄒族最尊敬的動物，且常以「獸蹄印痕」之大小、去向、新舊及多寡等而決定作爲。傳統鄒族長者或獵人絕不直言其名諱，而僅以su'Ku'（獸蹄）統稱之，如跟隨其腳印yosu'ka或boesu'ku之追綜獵。

　　野豬成長每階段皆有其不同名稱且各異其趣，諸如尚黃色、初轉黑色、哥哥的弟弟、弟弟的哥哥、長出一支及已經磨平。esloengx長出一支。對所獲再大也僅以c'on'a ahoi esloengx（僅只開始長出一支）回應之謙稱隱喻，意含對天之感恩及對所收穫的謙恭與尊敬。

九、moatx'nxno kua'onga

直譯：黑色的山羊。

實意：臺灣黑熊。

因其善長攀岩爬樹，且更可如同山羊般在險境出沒，因其外觀爲黑色，故稱其爲黑色的山羊（長鬃山羊極少有黑色）。野生動物嗅覺靈敏，逢人氣味即先行離去，故日間常態下不應近距離與野生動物接觸，但mooteo（刻意等候）之猛獸例外。

十、biavovei

直譯：散步或來回走來走去。

實意：打獵。

長者語意：biavovei（散散步），實則與cocoeconx（走一走）同爲「打獵」之意。鄒族爲純高山之狩獵民族，與生態環境是融爲一體，對生命之尊重，並無「打獵」凡俗詞彙，採以尊重及含蓄「散散步或走一走」引述，並以陳述句非以肯定句敍述之，以免驚擾或對山神之不敬，屬深層文化之內涵諸如：

mi'o mioci cocoeconx ninca ciengona ho aomane！

直譯：稍後我想要去後面走走路。

實意：我要去後山（面朝楠梓仙溪坡面）狩獵。

ciengona（後面之意），如門後、屋後皆爲是，但長者所稱之爲面朝楠梓仙溪之各坡面（該區爲早期主要獵區），如居住Kanakanavu（那馬夏）的族人稱之'oahngx ninca ciengona

（山後的親人）。

　　aomane（稍後）、te'o mioci或mi'o mioci（我想要）等採用不確定性之詞彙用語，爲謙卑語意，不明說何時、何地，因能獵獲則皆爲神所賞賜，鄒族傳統皆認山林所有動物皆爲山神所飼養。

十一、amo coni

　　直譯：爸爸的一個。

　　實意：叔叔及伯伯。

　　鄒族傳統爲大家庭一起過生活，對家族是格外親近，對子女或長者皆屬自己人的相互關注，禮敬叔叔、伯伯就像自己的父親一搬，充分具老吾老以及人之老，幼吾幼以及人之幼族群溫馨之體現，所以鄒族社會不會有孤兒或孤獨老人。

十二、nun'u faisx

　　直譯：乳房白茲。

　　實意：白茲媽媽。鄒族族名因長幼會有不同之稱謂，如幼年稱paicx，成年後稱faisx；nun'u爲女性之乳房，表示輩分、尊重與親暱。

　　另男子名字稱謂，例如：iusungu（鄒族爲男性之名）：幼年時自家人會暱稱sungua；約六歲調整正名，使用成年名

iusungu；約六十歲具耆老身分始可使用tibusungu之名。

　　凡ｉｕｓｕｎｇｕ為其名者，自成年至辭世皆自己謙稱為iusungu。tibusungu之稱呼則為他人對其之尊稱，本人不得自稱謂tibusungu，不論年數再大，他人問起您叫什麼名字，則皆以我的名字叫iusungu回應之，表示非倚老賣老。

　　應答間，若回以我的名字叫iusungu，而對方必然接著禮貌性補充：'iama ohaevaci tibusungu（原來是tibusungu哥哥）。

　　實用稱謂如：amo-tibusungu（iusungu叔叔或伯伯）、ak'e-tibusungu（iusungu阿公）、ohaevaci-tibusungu（iusungu堂哥或表哥）或yuansohxci tibusungu（同屬長老同輩的iusungu）等。

十三、toa'ho'ho

　　直譯：to'ho'ho係皮膚褥瘡之意。toa'ho'ho是身上長褥瘡的人們。

　　實意：漢民族統稱。

　　鄒族早年認為漢族是傳染病及各類疾病之源頭，因瘟疫及傳染病，使原強大之鄒族族群近半數滅亡，故鄒族人擔憂及害怕與外接觸，見到漢族人就逃離，部落並設pa'momxtx（結界）為惡靈及惡疾之防衛機制。

　　鄒族統稱漢族人謂toa'ho'ho，再細分，居住平地的漢族人

（大多爲閩南族人）爲puutu，客家族人爲khe'eanga，外省籍人爲puutu ne apihana（對岸的漢族人：外省人）。

十四、f'ue maaya

直譯：日本地瓜。

實意：馬鈴薯。

鄒族社會中，日治時期有多農作物爲引進自日本栽植，諸如山葵、蘘荷及馬鈴薯等，而鄒族人對陌生之作物，是直接採用其來源地（日本）所使用之名稱定名，如山葵（wasavi）、蘘荷（miunga）及馬鈴薯（zangaimo）等，因馬鈴薯與地瓜雷同，族人視同地瓜栽植，因源自日本，故稱之f'ue maaya（日本地瓜）。鄒語用f'ue-定地瓜，如生長快速飼養家畜的黃肉地瓜f'ue-sankangecu（栽植三個月即可採收之地瓜）或f'ue-puutu（平地的地瓜）定名。前者，該品種是坊間最常見烤蕃薯所用品種，因生長快速尤其量足供肥三個月即可收成，甜度較高及肉質較鬆散，但不爲族人所喜愛，栽種充作餵食牲畜豬隻使用，鄒族人是偏好肉質較綿密、較清淡及可解毒之白肉地瓜，如製作poalukia（地瓜球糰）、pivyu'a地瓜飯或h'xengx（要當便當的烤地瓜）等皆採用白肉品種地瓜。

十五、ti'eopx ta f'ue

直譯：握住這地瓜。

實意：勸食之意。

請自行食用不要客氣，屬非常有禮貌謙恭勸食之詞彙用語。為長輩間用餐時最常用者，另如ma'so ake'i sucmu'u（請坐靠近一點！）或pa'hikoekoe'i ta--- cuma nante（見笑了！什麼都沒有）、ma'so iachi baito（請自己看看！）。

菜餚縱如滿漢全席般豐盛，主人皆會謙稱地瓜。

餐前餐後皆以輕聲一句mayahiasu（感恩天、感恩主人、感恩食物及此福緣）。

十六、teos'ofx

直譯：拄著枴杖。

實意：帶槍。

s'ofx為枴杖，鄒族作槍、權杖等之隱喻。teos'ofx持用枴杖，上山時是否有帶槍枝之隱喻。

例：tas'upa tasteuyuna tala leaxt'xcx 'o s'ofx to Koe'ia ci mameoito（鄒族尊者之權杖也被主政者收集）

十七、mouyoyai keekematmohx

直譯：製作隨便的。

實意：佈設陷阱或製作陷阱材具。

mouyoyai keekematmohx（佈設陷阱）係鄒族獵者，對上天及對動物靈之謙虛及尊重，形容其刻意放低身子以製作隨隨便便的器具之隱喻。

moyxcxngia（無月分的期間）——鄒族月分係觀月數月，僅有1至10月，並無11及12月，moyxcxngia期間為鄒族預作春耕、muutu（打鐵）、tisngusngu（徒手捉魚）及mouyoyai keekematmohx（佈設陷阱）等之時節。

十八、tx'sxno-congeoha

直譯：星星的箭。

實意：流星。

鄒族傳說中，夜間流星如同強弓射出之箭般，急速劃過天際，是天神競射yongo（螃蟹）之傳說，故流星多時河川自然死亡的螃蟹也就多了。而mamoce（剛脫殼身軟螃蟹）尚就非其所為。

十九、pai'usni

直譯：擦過來。

實意：施法術讓他人跟著你。

pai'usni此乃施法術將他人（異性），死心塌地的跟著你

（妳）走之專有名詞。爲相傳男女如逢單戀或三角戀情所萌生之不當作爲，即讓對方異常的傾心鍾愛著妳（你）。若經此作爲而成婚，被施法者或許不知情，但會直接影響個體之運勢或未來。對於教唆主謀及施法者，因屬不當作爲對本身必也將承受上天的懲罰。

　　爲巫師者，是造物者賦予特殊能力之上天使者，以協助服務人們爲天職，故鄒族社會中之巫師是極爲神聖、備受尊崇及隱性的工作，尤其早年完全與外隔絕封閉之鄒族社會，各部落中之醫病、解惑、化惡、助人及部落屬靈層次之防護皆爲其本職，可謂全方位之服務且不收取費用，自然成爲部落族人公認之大善人及強而有力的生活支柱。爲巫者本身更瞭解，若違天律或心術失衡必將自我承受或累及家族，故必然不會教唆或指導他人施法（mai'usnu）有違道德人性之作爲。

　　例：isi asona pai'usni to pasuya 'o yangui, ci isieno akameosa haa'va na'no xmnxa, ho asngcx fiifihoc'o.（巴蘇亞可能對亞古伊施法，不然她怎會突然變得很喜歡他，且一直跟著他。）

二十、poyafa no po'ovnxsi

　　直譯：留置野獸圈欄外者。

　　實意：可獵取之獵物。

　　夜間散步爲山林生活不可或缺之活動，山林活動著實充滿

著驚喜及危機，自然生態體系中自然有其平衡之食物鏈，弱肉強食可謂自然法則，於山林中並無絕對的強者或弱者，人類常自喻為王，但僅在人類自我為中心之認知情境中，當你離開人群獨自處於山林中，實則如耆老的忠言：「你是獵人，同樣你也是獵物。」你危機四伏，只是野生動物不像人類貪得無厭，任何情境下野生動物多會迴避人類，僅在逼不得已時如受傷、保護幼子及悍衛食物一定範圍內之威嚇性攻擊，或維護自身安全及飢餓之臨界點等始作主動攻擊。鄒族人上山狩獵，若似有聽見叫小雞回籠之聲（山神明確告知所有動物都收起來，縱然看得到必然也無可獵取，另或也許是對你某種善意之示警），獵者必中止念頭原地折返。故鄒族咸認其刻意留在po'ovnx（野獸圈欄）外者始為山神所賜之物者。近年鄒族出現打獵為te'o uhne fuenguho mayoto fou（我要上山拿肉）或te'o smoa fuzu（我要打山豬）等係採中文直譯，細言之，此乃語言學家及宗教只教族語而排擠文化的必然結果，實非傳統鄒族人之文化認知。

柒、鄒族傳統美德

　　鄒族傳統是崇老尊古敬重長輩的民族，人與人之間更是以禮相待、相互敬重，臺灣原住民族群傳統是沒有律法，對鄒族而言，口頭esvxtx（約定）之承諾即為至高無上的約束及道德展現，約定俗成無形之核心戒律，為傳統鄒族人皆嚴予遵守之社會行為規範。相較現代高度文明國家律法百百條，高學歷高知識應產出高道德標準，人性昇華不對稱之現代社會是截然不同。

　　注重人與自然和諧相處，《逸周書・大聚》記載：「春三月，山林不登斧，以成草木之長；夏三月，川澤不入網罟，以成魚鱉之長。」其意為春天不得上山伐林，夏天不得下河捕魚。其與台灣原住民族群何時可墾荒耕植，焚獵、施放陷阱或何時讓動物休養生息等之傳統生活，與自然和諧相處之道不謀而合。

　　原住民族群的社會組織簡單，所有的教育僅侷限於生活習慣和經驗的傳承，因缺乏文字無法記錄保存，而鄒族傳承多以農事之母、會所文化傳承之貫徹實現。惟今多元及民主化的臺灣社會，既已認為原住民族之傳統有其無可替代性高存在價值，政府轉型尊重並欲重拾被遺忘的傳統文化，國家則應研究如何不喪失原味或迷失方向的植入國家教育體系中。

　　但自始迄今，專家學者多遷就優美精湛撰寫論著，而不斷

有漢式原住民融合型之文化呈現，後學者再相互援引參照，終究浮誇不實而難爲部落族人所認同。更甚者圖謀主導或改變部落傳統，以成就其漢學論述，更催化原住民族文化變質與流失，當國家型塑成該族群文化主軸其影響何其深遠。

復振臺灣原住民族之成長發展，必以建制及尊重各族群，而各族群組織具公法人地位「部落組織」之建制，爲屬原住民主管機關依法無可旁貸之責，應核列原住民族「主系統」核心事務優先建構，自可免於原住民族群、語言及文化提前同質化及至實質同化危機。未來原住民族群是圓是扁，著實取決於原住民主管機關之態度。

大漢民族所言「己所不欲、勿施於人」及「勿以惡小而爲之，勿以善小而不爲」之人際倫常及處事作爲，再三可散見於鄒族傳統社會中，謹就尚可追溯但即將消失之優良鄒族傳統社會文化，如siyuski（小社回請）、siamaameoi（敬邀耆老）、yupamamayo（鄒族婚嫁）等作概述分享。

一、siyuski（小社回請）

品德高尚以孝賢爲先，家庭和諧以關愛爲本。且孝賢尊老的家庭必然是幸福、愉悅的家庭，敬老的民族必然有團結、和諧的社會。此正對應著鄒族崇老尊古的傳統美德，尊重長者自可延伸相敬如賓、相互敬重，此乃傳統原住民共通之民族特性，鄒族刻正全力維繫著。鄒族自miapo、bxs'xfex、homeyaya及至

mayasvi為屬鄒族系統性不可遺漏的重大祭儀系列活動。傳統達邦大社在homeyaya到mayasvi之間，為感念及回敬母社的盛情，lenohi'u（離開大社在外謀生之旅外族人或小社）對母社一年之辛勞及homeyaya之盛情邀約，會辦siuski（回敬之邀請），皆以傳統方式辦理。

　　50年代前最常辦者為筆者居住yamunuyana之外祖母，會邀請達邦大社尊者及主要家族之耆老，大社耆老則相約同行至鄒族最後一位maotano（副將）在yamunuyana（地名及山名：〈小白豬之自我認同〉中，所言之四座並列山頭的第一座山）的竹製大型家屋，採以傳統方式宴請maameoi ta pupuzu（大社的長輩）。外公外婆辭世後，達邦大社傳統之siuski（回敬之邀請）鮮少辦理，此甚為有意義的傳統文化活動，如今逐為族人所淡忘。該區（yamunuyana）無公路、無水電，原有二棟家屋、大面積之水稻田、苦茶園及麻竹園等皆為蔓延快速的石篙竹所取代。

二、敬邀耆老（siamaameoi）

　　siamaameoi（敬邀耆老）是鄒族傳統對長者聊表尊重之傳統閉鎖盛會，siamaameoi（敬邀耆老）傳統舉行多以大社為單位逕自辦理，後因鄒族人數銳減，故會邀集阿里山地區所有耆老參與，舉辦時尚需考量農忙及雨季而彈性辦理。

　　記得最後一次舉辦是在里佳部落，亦為達邦大社王氏家族的amopasu'e yaama'fua居家辦理，因汪家耆老amopasuya自行建

構達邦大社最完整之私人文物室，尤其是狩獵文化部分，更可激起參與長輩們對過往生活及塵封往事之回憶。

　　活動中必著盛裝，會先讓長者相會，難得之相逢長者們高興的相擁而泣，旁邊扶持者也會深受情境感動熱淚滿盈；之後逐一邀請上臺以全族語作人生經驗分享及勉勵；再作鄒族文物參觀及解說，此時更可勾起深層的回憶與曾經的英勇往事；共進傳統餐敘，因不論食材、用具等皆非常講究傳統（準備工作即為年青族人學習鄒族傳統用具、備材及備料之最佳場域），歡樂無限美好的一天，長輩更會期待有生之年它的再次到來。

　　惟舉辦此活動，一定是格外嚴謹慎重，因為耆老非常害羞，從不邀請外來訪客或公部門，場內係全族語化情境，自然會是成熟族群智慧及深厚隱喻的逐一展現，是最理想的傳統文化教育及學習環境。能讓老人家齊聚一堂誠屬難能可貴，我們尚能掌握住多少時光，留住多少先人的智慧，我們應共同省思。

三、yupamamayo（相互拿，即論婚嫁）

　　早年鄒族傳統婚嫁與現代「只要我喜歡就可以」有甚大落差，傳統鄒族論及婚嫁是格外嚴謹，婚姻並非單純為夫妻間小倆口，而是家族興盛、部落存續及人際間相處非常重要之一環。鄒族早年婚嫁概略區分有：指腹為婚、換婚、媒妁之婚三種，適婚年齡為男子滿過二十歲，女子要滿十六歲始可為之。而共通點皆為：

1. 父母之命，不管年輕的男女願不願意或喜不喜歡，子女皆唯命是從。

2. 若論及嫁娶，必定要有男方家長或長輩到女方家去提親之過程。只要是父母提親成功，年輕人就算彼此無情意或相互白眼相向，亦得順從長輩的決定。如果女子意見相左或不願出嫁，就如吾家大姑姑，超過一年時間之婚期，仍不接受大姑爺之深情，使其女方家長長輩輪番勸說及責罵。甚若女子抗拒不從，於結婚當日男方可派家族壯丁到女方家登門「搶婚」，女方僅能形式抗拒。

3. yupa bobohngx互為相識，子女人際關係多會於鄒族最大之祭儀之homeyaya（鄒族過年，又稱小米祭，日人稱之新嘗祭），因此刻部落族人及lenohi'u（旅外族人）皆會返回各自大社所屬祭屋，此刻即多能彼此理解各自家族屬性，若為conoaemana（聯合家族）不得論及婚嫁。homeyaya中家族耆老會講述各自家族重要史蹟及重要事項中，並必附帶說明本家族對何家族應格外尊重及與何家族不得聯姻結為親家，鄒族族人皆恪遵傳統迄今。

提親準備

鄒族不論何種婚嫁方式必經提親過程，並經媒妁議定日期，男方依期作各項工作之準備，如：

1. 實務上，事前媒妁「實質」溝通對象為女子之母親及母親家族；提親當日「形式」溝通對象多為其父親及父親家

族。

2. 男方家族長輩一個月內即狩獵，準新郎得跟著叔伯去布置傳統陷阱，提親前非常慎重的準備盛禮。

3. 提親前三天，男方家族婦女釀小米酒、做糯米糕及各項所需準備物品由男方婦女逐一清點。

4. 當一切準備完成，男方長輩們（準新郎是不准去的）就會帶著小米酒、山肉、糯米糕到女方家提親。

提親當日

到女方家之後，先作一般寒暄不會馬上切入主題——提親，刻意營造和諧氣氛後，才會說明來意，用深厚的族語，各就各不同部落會有不同形式的表述，但以漢文綜述即「我想要你的女兒做我的小孩子，即兒子的妻子」。此時女生父母親會展現二種反應：

1. 當提親者提出想法後，他會口氣頓時轉變、立即回絕或否定，且說這樣真的是不好，不時大聲罵人，早年提親甚會出現有sihsihkuyu（抱頭訓話）、e'e'cu（作勢要打人）甚或tmo'tothomx（強力跺腳）等艴然不悅。若有此舉戟指怒目非常生氣、說重話等激烈動作反應，千萬不要難過，你就是fihnozomx（跟著鳥走）他答應了！其隱含我非常疼愛我的女兒，我不捨她離開！警示要照顧好女兒之意涵。

2. 若當提親時女方極為客氣相應、急酒盛情接待或者完全消

極應對相應不理，就應知道女方不答應，卽應識相帶著所帶的禮品離開，被拒是不可動怒或生氣，必有某些尚未完備或未解之潛在因素，可下次再來（早年數次提親是常有之事）。

指腹爲婚

小男孩的母親會對著mahmahafo（有攜帶者：懷孕者）的女子說：「妳的小孩出生若是女生，就當我的兒子的妻子。」或二位身懷六甲婦女相互約定，若生一男一女結爲夫妻，卽若漢族之指腹爲婚。指腹爲婚之先決要件爲：

1. 二位婦女應屬姐妹淘或家庭必然是極爲熟識。
2. 非近親更非聯合家族之成員。
3. 非nuvohia（母親家族成員）。
3. 必先經二婦女家族之充分瞭解而作決定。
4. esvxtx（約定）鄒族而言等同現在之律法，爲傳統鄒族社會倫常的維繫者，故鄒族社會皆嚴予遵守。

換婚

早期鄒族社會換婚是常見的社會現象，換婚又可分爲本代換婚及隔代換婚。

同代換婚：

在前述條件不相違下，諸如民國初年間，筆者祖母卽爲典型的換婚之代表，吳家兄妹及小莊家兄妹之換婚：

莊家大哥pasuya娶吳家tibusngu的妹妹sayungu；

吳家大哥tibusngu娶莊家pasuya的妹妹paicx。

出生於民國初年前的tibusngu（吳初哉）及paicx（莊美信）為現有達邦吳家，也卽筆者之祖父母。

近50年代之換婚

阿里山鄉山美村（同一部落cacaya）安家大表哥阿定娶莊家阿貴之妹妹阿珠；莊家阿貴娶安家大表哥阿定之妹妹阿蘭。

阿定及阿蘭為母親（吳安嬌）親哥哥之大兒子及大女兒，也卽筆者情深友于之親表哥及表姊。

隔代換婚

早年鄒族所採行的相互約定，在符合前述積極條件下，一、直系隔代換婚，卽「祖字輩」甲、乙聯姻，約定下一代再婚配聯姻。二、旁系隔代換婚，甲乙雙方聯姻，而乙方兄弟娶甲方兄長的女兒，里佳汪家及石家為典型之旁系隔代換婚。

雖非聯合家族成員，但因姻配關係更為緊密，著實有助於整體鄒族社會之穩定與平和。因一旦成婚係屬二家族聯姻，夫妻分離（離婚）是大忌諱，會使二家族蒙羞，尤其傳統婚嫁而牽成之家庭，男子必然會更加勤奮工作維繫及保護家庭，女子亦深受感動相互扶持，故鄒族傳統婚姻多終老相伴鮮少離異。

fifiho（婚役）

筆者多年前在師大定位fifiho為「婚役」，即結婚的役務勞動延用迄今。傳統鄒族有相互協力、互助合作smuhnu（形式請工，作食物分享會，並以肉品作txnx'va酬勞）、kiotokai（換工）優良傳統習俗，就連嫁娶並無採物質或有形或無形的交換或買賣，更無因婚姻有失去兒女之不捨，婚姻嫁娶是意涵生命延續及家族成長茁壯勢力向外擴展，是個體對家族對族群之社會責任。二家族對未來新一家之主的試煉而延伸所謂fifiho（婚役）概念，早年封閉型完全與外隔絕的鄒族社會，甚受族人所認同而盛行，凡歷經婚役習俗洗禮之新人，不但夫妻終生相守，就連二家族亦成一家人之休戚與共，有著二家族及聯合家族滿滿祝福（另隱藏含共同扶持、監督之意涵），更對家族具向心力及深厚之責任感。

婚役時間，由兩家相互約定或女方家逕作決定，有時候三個月、六個月、一年、數年或斷續重點期間協助女方家之工作；完全按照約定而決定時間之長短及形式。

娶進門之後過幾天，新娘就得帶著新郎「回娘家」開始工作，非協助工作而是當成自己家什麼事都做。因此去女方家，其意實為考驗或訓練半子之細心度、勤勞度及孝敬度（並非是用勞力交換女兒），由老丈人滿意度決定婚役時間提前或延後，就會有所謂小米酒下男人的對話：「我的小孩就交給你，她比你小要包容她的任性，要耐心的教導及好好照顧她一輩子（充分呈現嚴父對子女慈祥的一面）。tee maicac'o！temucula maino temula ocia hioa（就只這樣！你們就按照你們該做的：意指我對你很放心！你們可以做你們自己）。」60年代最後一位fifiho（婚役）為筆者兄長，平時就住在男方家，日間到女方家工作，並非長時間而是重點工作期間協助工作。

另筆者大姑姑奉長輩之命婚配，屬特富野大社之來吉部落的hitetosi，曾徵召赴南洋擔任日本傭兵，是極為孝順又勤奮為典型的鄒族男子。而姑丈數年在吳家工作，但始終未能為大姑姑micko所青睞，家母表示：當時部落taptuana（角端社）耆老、鄰長lioici及鄒族最為尊重的母親家族之長輩sing'ici等輪翻說教，最後始接納極為勤奮的姑丈。於婚役期間，曾隨長者深入原始森林工作時，從noaftu'u（地名，單程需約七小時路程）扛回一巨大鐵鍋，家母所言：仍為全新厚重鐵鍋。帶回達邦吳家，該鐵鍋尚在，後充作植栽留用而生銹，現在規劃重行整理核予生命故事。早年吳家前院之石板皆為姑丈手工鑿石鋪設，吳家數次原地重建，依然保留石板迄今，筆者50年代曾無數次跟隨著最尊敬的姑丈往返來吉、達邦，二人感情深厚，迄今燕居深念更感念姑丈的辛勞及教誨。

捌、蜂與鄒族人

　　「蜂」在生態系中所扮演的角色是不可或缺的，牠們的重要性並不是任何昆蟲可以取代的。而蜂數量的多寡是影響生態與農業經濟的重要因素之一。

　　蜂類尤其是「蜜蜂」，大量神祕消失對人類生活所造成的衝擊，已經不是僅為無蜂蜜可食用，而是與整個地球生態系的失衡。蜂可以幫助農作物授粉繁殖，目前人類的食物有1／3來自於開花植物，其中約有80％需要蜂協助授粉，如果蜂消失的話則破壞生物多樣性，間接導至糧食短缺、物價上漲，很快就陷入飢荒。造成「蜜蜂群崩解失調」現象，目前仍眾說紛紜，而歸納推測出幾個原因：全球暖化現象、基因改造作物、電磁波的影響等，另最直接影響者為農藥的使用。人類無節制的大量施用殺蟲劑與除草劑，而殺蟲劑中約有90％屬於神經毒殺蟲劑，可能會造成採集食物的外勤蜂大量死亡或產生迷航現象無法回巢，當工蜂把含有殺蟲劑的花蜜或是花粉帶回巢房儲存，是否亦影響到巢中其他蜂群？再則人人愛吃的「蜂蜜」是否亦會受影響？

　　當前國家轉型，逐轉正視自然生態環境保育、重視人與自然和諧共生及對土地友善之宏觀策略，亦甚符合原住民傳統無毒友善耕植之理念，尤其是林下經濟為傳統原住民族群生活之常態。

政府對山林保育及生態環境之永續經營，著實皆與蜂有密不可分之關聯性。原住民瞭解蜂的習性，蜂類對鄒族生活及文化皆息息相關，與蜂和平共處，不但不會蒙受其害，到了秋冬時節更可成垂涎欲滴，高蛋白美食佳餚及終年無缺之香醇蜂蜜。

　　為使讀者朋友更易理解，除鄒族對蜂之傳統認知外，以下各項相關專業用詞及圖片，多係源自109年臺中原住民技藝中心林下經濟養蜂課程各講師授課筆記及所提供課堂資料彙整，並有阿里山鄉達邦國小實務體驗資料。

　　鄒族對蜂之分類概分：蜜蜂、虎頭蜂、胡蜂及膠蜂四大種類。謹擇要分述如後。

一、蜜蜂

追蜂探蜜

　　採蜜乃原住民山林間最喜愛的活動之一，不管是岩壁石縫、石洞或樹洞蜂蜜皆屬上等蜜，蜜香味隨大自然四季更替所採花粉而有所變化，山林間追蜂找蜜耆老自有一套法則，清晨依陽光照射角度mainvhongx（用手遮光觀測），是否有蜜蜂媽媽，係出門或回窩、往返密度、飛行速度……等，皆為觀測之參據，家父常依此法輕易找到蜂窩。家中採蜜多慣用背袋套頭作基本防護，但在外採蜜是不用任何防護，自周遭臨近雜枝（草）清理及至開始掘土搬石，工蜂不時會衝撞或爬咬但不會螫人，但當下絕不可

作任何拍打、擠壓等不友善動作，否則易遭致攻擊，家父常是動作緩慢喃喃自語，若似與蜂溝通，直到碰觸其蜂巢時，蜂群行動頓時緩和，反而不再作衝撞挑釁而任由取之。野蜂築巢模式通常依洞窩形狀大小而排列成片狀，每一片間隔寬約半公分，若成熟每片外層爲蜂蜜、次爲有紅黃色爲花粉、白色部分爲蜂蛹、已封蓋者爲幼蜂。取其蜂巢時，若全數取下，則該蜂群必立即遷離，故必須自較陳舊之蜂巢取下，新巢部分至少應留二排以上，蜂群據以繼續築修蜂巢不致離巢。因若不探下而致該穴洞築滿蜂窩巢必會全數遷離，等待回暖季節及原巢脫落始遷回，較低海拔地區蜜蜂，不因天候而遷移，故其蜂蜜常出現sieu（凝固成鹽巴狀）之上等蜜。

　　取蜜時，家父總是會清理洞內甚或加寬、並縮小巢洞門出入口，防止大虎胡頭蜂侵門踏戶直接捕捉工蜂（因大虎頭蜂進入其必遷移）及清除出入飛行障礙物，使該蜂巢享有五星級之居家環境，最後再於臨近作a'honga（製作標記）標示已有主人之意，部落族人皆能遵守。

　　惟今耆老無奈的表示：現在部落虎頭蜂巢，採用傳統tomohvi（用芒草作指示標記）或用任何形式之a'honga（製作標記），即採鄒族傳統文化習俗爲公告周知「那是我第一個發現，即是屬於我的」，爲屬鄒族部落傳統約定俗成人人皆遵循的生活及文化之展現，但來訪之外地人卻是依循標記公然取之，更甚者，直接將原住民栽植多年之大樹以鍊鋸砍倒，族人瞋目切齒卻束手無策。

入秋的季節裡，老人家不時會注視著家中陳年的蜂箱喃喃自語：天涼了怎麼還沒回來呢？當發現一、二隻先遣部隊到達，老人家就會高興的清整巢內，更換ngoungu（小木湯匙），此時工蜂在身邊飛舞好似道謝，停在頭上、手上，老祖母會釀起小米酒並舉行歡迎儀式，不到一週蜂群必定抵達。當有虎頭蜂在蜜蜂蜂箱前飛舞，老人家會成天守候者打虎頭蜂，若有二隻以上則必叱令找虎頭蜂窩，因若有數隻虎頭蜂其蜂窩必相距不遠而必除之。當春天蜜蜂若離開，老人家也會有明顯失落的感覺，在老人家心裡頭蜜峰儼然成了不可或缺的家庭成員。

蜜蜂之概述

　　2020年11月臺中技藝中心林下經濟養蜂課程許老師明示：「虎頭蜂侵擾養蜂場的時間主要在6—12月，其中尤以8—10月為最頻繁。虎頭蜂出沒的種類與養蜂場的地理環境及海拔高度相關，平地蜂場以黃腰虎頭蜂為主，有時也有黃跗虎頭蜂的侵擾；接近山區林地者，則以大虎頭蜂與黃跗虎頭蜂為主；就危害程度而言，大虎頭蜂最為嚴重，黃跗虎頭蜂次之，黃腰虎頭蜂多僅為騷擾蜂群。大虎頭蜂獨特的集體攻擊行為有別於其他虎頭蜂，當聚集的大虎頭蜂超過3隻以上時，覓食方式會突然改變為集體攻擊的行為直搗蜂巢內部。一隻大虎頭蜂每分鐘屠殺蜜蜂可高達40隻，在一群20—30隻大虎頭蜂的攻擊下，3小時即可以攻陷一個30,000隻蜜蜂的聚落，並占據整個蜜蜂巢，長達十天，其間大虎頭蜂陸續將蜜蜂的幼蟲及蛹攜回巢內哺育大虎頭蜂幼蟲。」所以

蜂農最大的養蜂危害即為大虎頭蜂。

蜜蜂是高度社會化的昆蟲，巢內的蜜蜂可依照形態及行為功能分為后蜂（peongsisi）、雄蜂（toipo'txsi）與雌蜂（inosi）等三個階層。蜜蜂屬於完全變態的昆蟲，一生須經歷卵、幼蟲、蛹、成蟲等四個時期。蜜蜂產的卵可以分成受精卵發育成雌蜂、未受精卵發育成雄蜂、生殖器官發育完全的只會有一隻，就是蜂后，蜜蜂是雌性為主的社會群體。

一窩蜜蜂，會有一隻蜂后、約10,000—150,000隻工蜂、以及約500—1,500隻雄蜂。蜂后負責產卵（1,500—2,000粒/天）常因受虎頭蜂侵擾受驚嚇，致使體型萎縮無法產卵。雄蜂（蜜蜂公）負責同蜂后交配，工蜂負責清巢和保溫、分泌蜂王漿、築巢、採集花蜜（養蜂后及雄蜂）、花粉、採水工作及巢門守衛擔負起維安工作。

臺灣的蜜蜂概分二大類：東方蜂（土蜂）及西洋蜂（義蜂）。

東方蜂為本土的蜜蜂種類，野生蜂群原本廣泛分布於臺灣山林地區，也有許多業餘養蜂者人為飼養。東方蜂對臺灣林地的適應力極佳，對於西洋蜂常見的流行病多具有抗病性，而且東方蜂蜜的單價約為西洋蜂蜜的2倍以上，實為林地養蜂的首選。但東方蜂容易發生逃蜂與盜蜂（蜜蜂想不勞而獲盜取另一箱內的蜂蜜）的習性飼養難度很高，又近年來臺灣的東方蜂出現東方蜂囊雛病毒（Acsbv）的危害嚴重，不但已摧毀90%人為飼養的東方

蜂群，甚至野生的東方蜂群也已受到感染，儼然已成爲嚴重的生態危機。東方蜜蜂若有入侵者，工蜂就會形成戰鬥陣形對抗入侵者，再則會群集成爲蜂球包圍大虎頭蜂，蜂球內部的高溫（46度）會導致大虎頭蜂悶熱死，爲西洋蜂尚未習得之團體衛禦技能。

林下經濟甚符合原住民地區，因森林地區無農藥污染問題，森林植物多樣性極高，鄒族臨近國有林地之殼斗科林木、欅木、江某、臺灣欒樹、櫻花、無患子、月橘、茄苳……等皆爲優質蜜源植物，林下經濟之林地養蜂具備有機生產的環境條件，只要飼養管理符合有機的要求，自可營造及開發爲高價位的「有機森林蜜」。不專業經營亦可爲自給自足之附帶產業，更可營造爲退休長者之安全休閒工作。筆者長年自然放養東蜂（土蜂）平時毋需照顧，但因土蜂會因氣候等因素而離家出走（逃蜂），現規劃併養少量穩定性高的義蜂（西洋蜂），小規模自足經營毋需追蜜養蜂，可營造自屬農園特色產品之成員之一。

鄒族精典詞彙

yateongvi-家中突然有大綠頭蒼蠅現身飛舞，意指所布設陷阱有獵物之訊息傳達，當日或隔日必會上山。

peeteongo-爲鄒族之鬼鳥（oaimx綠繡眼）傳達訊息之叫聲。意指非cpongx（逢雨淋濕），卽逢有'aptaptaxngx（吵雜聲：有酒可飲）。

二、虎頭蜂

虎頭蜂爲鄒族預測每年颱風之指標性生物，若當年虎頭蜂數量多、又築窩位置高或築窩在較細枝條上，則颱風較少甚或無颱風；若量少、築窩較低、且位處較粗枝幹上，則當年必有大颱風或颱風較多，鄒族預測當年颱風次數之工具除虎頭蜂外，尚有spii颱風草。耆老之訓戒：「虎頭蜂是危險的蟲，必切記！萬勿刻意招惹。」其常是與人和平相處，諸如最兇猛之黑尾蜂若築在自家屋簷下，該家成員從不會受攻擊，但若是外來客稍接近則必受攻擊；在高海拔之深山區進入寒冬之際，蜂群應全數凍亡僅剩空殼，2020年爲屬暖冬及全年無颱風，已入12月下旬，筆者工寮邊有一窩lonku（黃尾蜂），mais'a tngoo（族人表虎頭蜂大小之形容詞：如同鍋子）。下午工作及傍晚生火因伴隨著雲霧蜂巢皆無動靜，但到隔日清晨天一亮即開始工作，朗朗晴空但陽光尚未照射之際，聽見單一隻虎頭蜂快速飛近直接停駐在頭巾上，心想：昨日皆不煩擾工作今日卻爲何一大早就來請安？不經意的用手使力拍落，並觀察火爐煙霧仍是往下吹，不致驚擾頭頂上樹上的一窩黃尾蜂，拍落負傷逃離，牠像是不良於行的宿醉糟老頭，跌跌撞撞終能起身朝下側飛行。是眼花或錯覺！不太像……倒像是……頓時莫名不安的感覺湧上心頭，吾便朝較高地勢朝下觀察，赫然發現約400公尺處，有一窩應若似mais'a meoino apngu（若似大米篩）毫無遮蔽物，是典型的sngcx（黑尾虎頭蜂窩），原來我頭頂上樹上的牠（黃尾蜂），牠的ciou ci ohaeva（很兇惡的哥哥）在那裡！深知已身陷危機，不加思索快速跑回工寮火爐

加柴及用生葉覆蓋（製造濃煙轉移其注意力），取工寮最簡易重要物品快速逃離。

　　於鄒族對蜂（sngcy黑尾lonku黃尾）之理解為，初期少量時，多會築巢於石洞或雜枝處，混居出生再分居築窩（所以二種窩皆相距不會太遠），蜂量多就會遷移築巢高處，蜂巢大小會隨著蜂群數量的增加而向外擴張的越來越大，二者外觀目測，最明顯可區分為：兇悍之黑尾虎頭蜂窩周遭之樹葉會全數fxefi（清除），較溫和之黃尾蜂則不然，除非位處可安全可摘除之處，鄒族對之是敬而遠之。當有一二隻來訪，若無把握將其一拍斃命，應儘可能快速離開（尤其是黑尾蜂）。臺灣歷年皆有其主動攻擊登山客或郊遊學生之說，實多為先前隊伍之不慎傷及或蓄意挑釁造成後隊人員之遭殃，蜂鷹、獼猴之騷擾或取蜂窩後殘餘之虎頭蜂群較易主動攻擊，另漸入寒冬殘餘之虎蜂個性較急躁，極易主動攻擊，或常直接停駐衣服或高位之帽子上再爬行至脖子，故族人入冬時節山林工作保護頸部除禦寒外另最主要即防備此不速之客。2020年鄒族現代採愛玉達人阿光、阿為等族人朋友，皆因虎頭蜂之危害而延遲或幾近放棄採集愛玉工作，因採愛玉子者若在樹上遭遇蜂群攻擊，極度危險。

摘除大虎頭蜂

　　生性溫順、卻又暴戾恣睢，為屬野生動物之本性，實皆有其自然之相處之道。大虎頭蜂築窩大多在巨大腐蝕朽木根部，其將根部清空內部築起大蜂窩，依其洞型決定大小及蜂媽媽之多寡，

一般虎頭蜂築在樹上顯而易見，築在地底下非有經驗之獵人甚難發現，當逼近或誤踩乃致命危機。

　　大型大虎頭蜂窩至少有三個出入口甚或更多，一處為平時進出用、一處為數小時一隻出入、另一處約半日始有一隻出入，火攻前必輪流觀察至少一週以上其可能出入口及各出入口之詳細位置，尤其是最不容易察覺到之最後一處ptunkuyungu（後門）；火攻時可謂血雨腥風，非你死即我亡，三處先同時用火堵住。其中要堵死一處（完全封住），堵活一處（稍留氣孔為利吹氣時熱氣對流），專攻主要通道（火攻時其主要通道逐步加柴，並用竹管向內吹氣），另二人保持警戒，深怕午夜過後之最後一班衛兵飛出門，其必然會直衝攻擊，數人分組輪番工作，使其全數窒息在洞內，過程中不時能感受到低沉強烈蜂鳴震懾，雖脊骨透寒但更必堅持團隊，開挖到見窩時必停止挖掘動作，加較大枯木生大火在其洞門十餘分鐘，以確認內無存活蜂隻、外無援兵，此時雖皆兌喘膚汗但無由片刻歇息，因分秒必爭避免夜宿外地蜂隻，提前返回而反遭攻擊而功虧一簣，歷次雖皆有所成但皆頗有暗室虧心之感！

　　前隨同莊有鐵先生、湯達英先生等七人前往yukeacpa（地名）原始森林執行工作之實務經驗，因早年欠缺防護裝備下，鄒族傳統作業極為慎重，必連續占夢，數日準備火把，並不得明言你將要或想要做的事；允許作業時間，僅為pae'ohsa（新舊月交替日）之午夜1時至4時止，過早尚未全數入洞內，太晚則作業時間不足，次日天亮在外過夜者陸續回窩而被追擊，因傳說中，

月光下veio（大虎頭蜂）是照樣飛行，寧可信其有。鄒族傳統取蜂之主因，單純為取蛹（高蛋白質）、蜂窩烤香誘魚蝦及分享美食，今則多為裝飾、製成蜂酒等商業行為。

鄒族對虎頭蜂之理解

　　ceoyu為鄒族對「虎頭蜂」統稱。部落族人在山林中常見的虎頭蜂種類約分：sngcx（黑尾虎頭蜂）、lonku（黃尾虎頭蜂）、lonkuyaapunkua（有握把的黃尾虎頭蜂，兇狠度同等黑尾虎頭蜂）、veio（大虎頭蜂）voevoe tamahuayx等。

　　lonku yaa punkua（有握把的黃尾虎頭蜂）。正常的黃尾蜂其蜂窩為圓形其較為溫和，但若蜂窩為長形即為「有握把的」黃尾虎頭蜂，兇殘度同等於黑尾虎頭蜂。早年鄒族傳統無防護裝備，摘除蜂窩多採夜間火攻方式，故必須再三確認其蜂窩形狀、色澤及窩邊週遭狀況是否有fxefi（窩邊週遭枝葉為虎頭蜂啃落精光），再作決定tufngia（尊重其靈不明言作為，僅以夜間用魚叉刺魚之tufngi隱喻之，實則即為火燒虎頭蜂。或以ocia hioa no mainenu 'o yoi ta apihana對面山的蟲何時想要工作，即何時要去火燒摘除對面山的虎頭蜂）傳統即為如此之慎重。

　　虎頭蜂兇殘但仍有其天敵即為eiho（鄒稱蜂鳥），其會明目張膽用嘴及爪子剝去虎頭蜂之外殼啖其蜂蛹；火燒山時近迎著火燒山之風尾處覓食則為teohe（鄒稱火焰鳥）；大風或颱風會逆風並可空中停滯者為'voevi（鄒稱迎風鳥），該三種極易混淆並作分享。

捌、蜂與鄒族人

93

世界虎頭蜂之分類

目前全世界有23種虎頭蜂，臺灣記錄有9種（前7種為較常見）：

1.威氏虎頭蜂。

2.姬虎頭蜂。

3.擬人虎頭蜂。

4.黃腰虎頭蜂。

5.黃跗虎頭蜂。

6.中華大虎頭蜂。

7.黑絨虎頭蜂。

8.雙色虎頭蜂。

9.熱帶虎頭蜂。

大虎頭蜂（學名：Vespa mandarinia）是分布亞洲地區的黃蜂，大虎頭蜂在各地有許多不同的俗名，中華大虎頭蜂、臺灣大虎頭蜂、金環胡蜂、亞洲大黃蜂、殺人大黃蜂皆屬之。因虎頭蜂的蜂巢是由咀嚼後的樹皮纖維所構築而成故皆呈黃褐色。牠們的大顎若似老虎般孔武有力故稱之為「虎頭」蜂。

虎頭蜂是林下經濟養蜂人家的頭號敵人，可輕易摧毀蜜蜂窩者即為veio（大虎頭蜂），養蜂是純無毒產業，僅只能用人為的網捉防治，而虎頭蜂酒又何嘗不是另一種額外收入。近年國人戶外活動逐漸盛行，而歷年皆有受虎頭蜂所傷害或致死之不幸事件，就國外案例：在日本每年平均有30到50人死於虎頭蜂的螫

針。2013在中國單一省分就螫死42個人，但多數嚴重事故都是因為人們驚擾蜂巢所致。

　　（前述虎頭蜂各專業部分，大多取自2020年11月臺中原住民技藝中心一週林下經濟養蜂課程，各個不同講師臨場教學口述及書面資料彙整記述，俾使讀者更易瞭解。）

三、膠蜂

　　臺灣黃紋無螫蜂，因是較少研究或注意之蜂類，因其外觀根本不像刻板印象中的蜂之類型。其不如虎頭蜂兇悍恐怖到令人聞風喪膽，亦不如蜂蜜好吃到咂嘴舔唇令人趨之若鶩，期未來國人對無螫蜂能有更深一層的認識，故僅作鄒族實務節錄彙整分述如後。

鄒族認知及傳統實務

　　臺灣黃紋無螫蜂鄒族人稱之為zuu（膠蜂），閩南語俗稱「雨神蜂」直稱「蒼蠅蜂」，長相酷似蒼蠅的無螫蜂，不但能產蜜，還有豐富的蜂膠，蜂膠族人稱之為nozu。蜂膠是傳統鄒族社會為常見之男子專用天然黏著劑，由男子提煉完成後，存放在祭屋內，男子配戴刀鞘背面末端處必會黏存備用，作男子細苧麻繩使用前之黏接及強化弓箭、魚叉捆綁後之固定。筆者60年代曾因yupameyuski（換工），在達德安第七鄰溫增森（toyohila）家，長輩們kengo（莊建興）、toyovi（溫增相）、savulo（湯

有道）及家父等製作nozu（蜂膠），筆者目睹片斷製作過程（當時只是奉命顧火），109年上林下經濟養蜂課程始驚覺甚為遺憾未習得全程技藝，以為傳統完整之製作方式就此消失，引以為憾之際！

欣見達邦部落kexpana（地名）的達邦大社主要家族成員毛忠信長老尚能完整傳承其父minolu耆老之衣缽，並於109年11月13日於達邦國小作之臨場實務教學。為使頻臨失傳之特殊鄒族文化能完整呈現，為使未來能更易瞭解，由筆者姪媳任職達邦國小的嚴老師，做各項製作過程圖文並茂詳細紀錄，筆者僅截錄精要呈現分享，期使國人對zuu（膠蜂）能更深層之認識，著實彌足珍貴。更期望甚具福緣有幸參與之各同學們，能留下永恒的回憶及毋忘文化傳承之責。

達邦國小於109/11/13聘請毛忠信長老，史無前例作無螫蜂之解說及「蜂膠」傳統提煉之現場教學課程。

臺灣黃紋無螫蜂（zuu）之概述

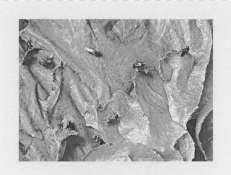

臺灣黃紋無螫蜂
鄒族人稱之為zuu（膠蜂），閩南語俗稱「雨神蜂」直稱「蒼蠅蜂」，長相酷似蒼蠅的無螫蜂。經提煉後之「蜂膠」族人稱之為nozu，蜂膠是鄒族人傳統手工藝製作時的天然黏著劑。

人工飼養的zuu，蜂箱已飼養近廿年未摘取，年代較久遠的蠟片，部分已呈黑色。其特性忠於原住所，若居家無螫蜂，若非過度侵擾則不易如同東方蜂會有逃蜂或盜蜂之現象。

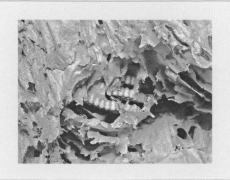

撥開片狀的材料後可見養育幼蜂的巢房，鄒族人除了取其蜂膠，也會取其幼蟲補充蛋白質。

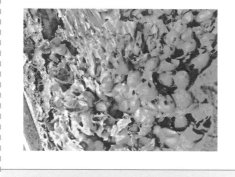

一般蜜蜂的蜂蠟巢室是正六邊形的，zuu儲存花粉和蜜的區域，是不規則的、橢圓球形的。視蜜源和粉源植物，有時帶微酸或苦味。

zuu的食物來源——花粉和蜂蜜，族人會食用。開啟時蜂箱酸味如陳年老醋般濃育獨特香味。

zuu多在樹幹（樹洞）和地洞中築巢（樹洞較多），進出為一個蠟質小口，人工養殖箱進出口為耳朵狀的，巢門顏色為鮮黃或淡白色，視蠟源植物及年分而定。

蜂膠（nozu）提取步驟

圖片	說明
	zuu會攻擊人的眼部會沾黏眼睫毛，所以取蜂巢時戴帷帽。一物剋一物，蜂類之王大虎頭蜂，遇上無螫能力之膠蜂必然是折翼而歸。
	剛取出的蜂巢，無法如同野蜂蜜完整成排。
	瀝出蜂蜜過程。
	用水沖洗花粉過程，若清洗乾淨則成品更加鮮豔。

圖片	說明
	洗乾淨的蜂巢，放入鍋中加入冷水煮沸。
	煮到膠質溶解即可熄火，溶液自然冷卻過程中，蜂膠會慢慢自表層起凝固。
	取出的蜂膠分塊並不斷用力壓揉，擠出水分即成，處理乾淨之新成品色澤清晰，傳統必經相當時日陳放及煙燻，轉呈褐黑色後才會起用。

（以上各圖皆係達邦國小顏老師拍攝提供）

臺灣黃紋無螫蜂之研究

　　一項受到國際基金支持、由花蓮農改場與宜大陳教授團隊合作的「臺灣無螫蜂田野調查及溫室授粉先期工作」計畫，在2017年從全球里山倡議夥伴網絡（IPSI）23項提案計畫中，脫穎而出，獲得「里山發展機制」獎金，堪稱為目前國內研究臺灣無螫蜂最具權威的組織團隊，可作有興趣鑽研讀者朋友探索方向。

四、胡蜂

鄒族對「胡蜂」之認知

　　hohcongeu（胡蜂）為鄒族對虎頭蜂統稱。山中常見的胡蜂種類約分：hohcongeuno smo'xe'xyx（變側異腹胡蜂）、hohcongeuno hof'oya（黃長腳蜂）、hohiu moefo'x等。

　　hohconguno smo'xe'xyx（變側異腹胡蜂）最易築窩在較低之枯枝葉或垂落枯黃香蕉葉內側，其窩多為長型，若較接近侵犯其領域時，會集體smo'xe'xyx（抖動），再則快速集體攻擊，因其防衛而集體抖動，故鄒族取命謂之hohconguno smo'xe'xyx（會發抖的胡蜂），在山上工作最容易受此類蜂攻擊，溫度較低之清晨，及陽光尚未露臉前較不會主動攻擊。常近乎碰觸甚可聽到顫抖防衛聲，但若觸動其窩則必傾巢而出群體攻擊最無防護之頭部及臉部，測量時低海拔是最常見，亦多會有此經驗，毒性雖不強不會有致命的危險，但多隻攻擊仍會奇痛無比。山中無醫

護，可迅速逃離該區並採自我尿療法可緩解危機，在山區受蜂類螫傷多以此方式應對之，因個人體質差異性而不同程度之反應或傷害，若受多隻一般虎頭蜂、胡蜂或為單隻大虎頭蜂攻擊螫傷則應儘速就醫。

鄒族精典詞彙

　　ateuyuna smoyoaci yoi（最害怕的蟲：大虎頭蜂）

　　ptunkuyungusi（它的另一出入口：後門）

　　tufngia（不宜明言夜間火燒虎頭蜂之隱喻）

　　hohcongeu no smo'xe'xyx（會發抖的胡蜂，即變側異腹胡蜂）

採蜜（tu teogo）

握把蜂（lonku yaapunkua）

玖、鄒族特殊傳統技藝
——euvuvu（風笛）

　　維基百科：自由的百科全書記載中風笛是樂器的一種，爲使用簧片的氣鳴樂器。早期：風笛歷史依然不明確，不過它最初可能起源於中東或中亞。近代：由於英國於十九世紀在全球擴充領地，蘇格蘭的高地風笛作爲英軍樂團的樂器，隨著英國勢力的擴張，高地風笛也被帶到世界各地的英國屬土及殖民地。現在：不少前英國領地，如加拿大及澳洲的軍樂團仍可見風笛的吹奏，香港因爲曾經是英國殖民地，蘇格蘭的高地風笛因而成爲香港官方儀仗隊的主要樂器，即使香港特區成立後，香港警察樂隊仍會在重要的官方儀式及訪問交流活動吹奏風笛。

　　無論中文「風笛」還是英文「Bagpipe」都是指向同一種樂器：風笛。再結合它簡歷中的出身「維多利亞」即「英國」，我們能夠再次縮小風笛的範圍，確認英國最知名的風笛爲蘇格蘭風笛。

　　而鄒族之euvuvu（風笛），因非大眾所理解笛之外形，故有稱之謂「響片」。不論稱風笛或謂響片，在臺灣原住民族群中，euvuvu是屬鄒族特有傳統技藝品。

　　測量期間於「新崗」原日本駐在所臺地紮營，因該區地勢險峻又多處崩塌地段，逢雨無法上工，莊耆老便用其特大開山刀刻製風笛，大夥亦有樣學樣的完成各自創作作品，唯僅有莊耆老的可呈現出尖銳渾厚的聲音。因選擇木頭材質製作難度高，筆者回部落後採kaapanano hof'oya（桂竹）材質製作較易成功，並不斷的研究及改進製作方法。

　　鄒族euvuvu（風笛）又稱為「竹製響片」，鄒族部落以大社為中心，因耕植而向四周發展散居各山頭，在早年社會尚不安定及交通不便的時代中，euvuvu曾為鄒族部落間傳遞緊急訊息的最快速傳播工具，後用來做為趕鳥器或休閒活動競技，現在除了被當作鄒族童玩及坊間文創藝品外，風笛也會出現在一年一度的鄒族生命豆祭開幕儀式或其他集會活動中，因臺灣原住民族群僅鄒族出現及使用euvuvu，可謂特殊之傳統技藝，應特別珍惜及承傳。

　　euvuvu製作原理，係用一片扁薄竹片，用苧麻繩綁在細竹上，順手逐漸快速左右八字環甩動旋轉原理，竹片因此會有上下飛舞的現象，發出「呼、呼、呼」的聲音。風笛在轉動的過程中，響片會不斷的繞繩子自轉而拍打空氣產生聲音，又由於繩子扭力大小及方向改變，讓風笛的聲音大小、音調高低會隨時間有週期性的變化，迴盪在山谷間，時而低沉時而尖銳，端視使用者之經驗及純熟度。謹就傳統及改良之結合，並作分享鄒族特有之工藝品euvuvu（風笛或竹製響片）之製作方式。

euvuvu製作方式

　　風笛材料容易取得製作又簡單，很適合用來當作教學器材，在有專人示範及教導下，謹慎使用各項危險工具，培育學生之專注度，經長時期之研究測試及實作教學彙整成系統性之教學方式分享。

　　早年族人僅以一把刀及苧麻繩即可完成，爲因應現代化、精緻化及安全之需求，工具隨之多樣性，常用工具及器具諸如：竹鋸子、小刀、噴燈、鉗子、鋼釘、打火機、量尺、角尺、細繩、磨砂紙（粗及細）、鑽洞機、磨砂機（務請安全使用各類工具）、劍竹、細繩、石高竹、孟宗竹等，製作方式如後。

一、竹片取材

1. 選用竹子：孟宗竹、石高竹、桂竹、麻竹、木材（桂竹材料較易取得）。
2. 竹齡：四年以上成竹爲宜，陰乾至少三週（冬季採集爲宜）。
3. 竹節間：竹節間22公分至24公分長。
4. 取回：裁120公分帶回方便（回家再裁截）。
5. 分裁：裁20公分長，剖開成4—6片，留底節1公分（上節或底節之區分）。

二、實作部分（削成風笛形狀）

1. 長度：16—28公分（常態取20分）。

2. 厚度：邊0.1公分，中間0.3—0.8（常態取0.4公分），中最寬：1.5公分。

3. 龍骨：風笛尖（尾）及頭之精確位置量測及定位標示，龍骨為風笛最厚實之處，頭厚微凹、尾圓薄（歪斜則不穩及影響音質）。

4. 自我創意及美化——刻圖、刻字、刻劃及刻名字時間地點。

5. 鑽洞：底節處起1.1公分鑽洞（圓洞0.2公分為宜），刀尖、熱鐵、鑽洞機（常態刀尖）。

6. 燻烤：用火燻烤，更美觀、水分減少不易腐蝕蛀蟲、重量減輕及更堅韌（現多用噴燈，穩定及快速）。

三、繩之取用

1. 自製細苧麻繩或細繩（各堅韌耐用之細繩皆宜）。

2. 長度：80—140公分（常態取80公分）。

3. 打結：頭及尾端先打結可防鬆脫。

4. 用手輕輕轉繞測試——測其聲音及音質（上飄始出聲音）。

四、持棍取用

1.取材：劍竹、細桂竹、細木條等。

2.長度：100—160公分（常態取100公分）依竹片大小厚實，
而選擇所需使用持棍及綁繩粗細長短。

五、美化

上漆、噴燈及烙痕、刻字或繪圖。

六、成品測試

1.自己成品綁細繩，輕輕用手轉動試聽，並續作修正。

2.若滿意其音質及聲響，即可接持棍正式測試。

3.採以輕重不同力道方式，作音質、聲響及尖銳度之對比。

七、可以個人身材訂製適合個人之風笛

實用型、迷你型乃至特製巨無霸型或純展示型，最後刻字刻
紋作典藏。

現代製作方式使用大刀、小刀、鑽洞器、鋸子、火、鋒利竹
片等危險工具，可使學習者習得專注、細心及耐心得其三昧，更
獲得不同經驗之成長及享受精品成果。

玖、鄒族特殊傳統技藝——euvuvu（風笛）

108

鄒族經典詞彙用語

’ohana bohngx（看得不清楚）

鄒族傳統社會中，「刀」視同個體之生命及貼身伙伴，嚴禁心存不尊重之用語及舉止，諸如：不明敍’oha feofeo’e poyave’u（我的刀子不鋒利），貼身伙伴（刀）喪失應有銳利鋒芒非其之過，更不應反而有瞧不起它不銳利之說詞，可避免彼此的疏離及受傷害。故鄒族耆老皆採以’ohana bohngx co os’o tititha（我所使用的……已經看得不清楚了）不明敍是「刀」，僅以所「使用的」表述之。實意：我使用的刀子已經不鋒利不好用，即「停止工作要磨刀或工作累了要休息」之隱喻。

拾、當代社會現象之觀念溝通──臺灣由威權轉型民主政府，當前原住民社會現象之我見

　　長年身爲嚴守法規的公務人員，也習慣性鮮少關注社會或政治議題戮力從公，退休後更也僅持續著力自屬族語及文化領域，尤其鄒族曾無端蒙受政治陰影，家父曾再三誠訓：政治無回頭路不得碰觸。故對政治索然寡味聊無興趣。解嚴後政府逐步轉型進入民主社會常態化之政黨輪替，惟每逢選舉總是濺起一池口水，原住民族更淪作炒作議題，導至多種不甚正確或僅爲風向球之論述所影響，筆者圖以跳脫黨派或政治思維就其本質嘗試維護，就紛擾之大環境中學習用心仔細觀察、體會並眞實呈現。人生應似一首綺麗的詩篇，在愉悅中充滿許多的迷惘及憧憬，且應爲子孫培土育苗戮力探求無限可能思維格局。

　　筆者2018年接原轉會委員始起，更積極學習及關注相關原住民族事務，併作當代社會現象時勢剖析之短篇寫作，全力探索原住民族之核心議題及客觀正向回應。回顧當時時空背景之論述，並不儘符合快速變遷的現代時勢，但確曾眞實存在當下的經歷與情感，期望未來年靑族人稍理解過往及導引驅使原住民部落能以理性論談或論壇之寫作，逐替代易爲社會曲解、耗損國家資源之

街頭陳抗政治煙火秀場。當今台灣之政治人物、專家學者、青年知識分子漸趨正視原住民族群存在台灣的價值，「球」回到原住民身上，自助始得人助及天助，我們應先自我營造，卽讓大多數沉默的部落族人感受溫度，台灣原住民族層峰更應順勢善用現今政府空前之友善政策，自訂穩健成長之法律脈動，使漢族社會大眾能理解、諒解轉而支持，更使有意願協助原住民族群成長發展之漢族朋友有著力點及落筆空間。謹彙整20件應對時勢個人細微論述併作分享。

目次

112

一、【風傳媒】原住民族「傳統知識體系」建構之我見
2021/04/25

　　原住民族「傳統知識」是銜接過去、現在及未來生活之憑依，不但是原住民族主體性之呈現、民族識別之維護、社會秩序之重建、自我認同及民族自治之根基，更是原住民族教育之具體內涵。筆者前於2011年原住民族語言發展以「阿里山鄒語復振之芻議」提出，但公部門當時仍具強勢主導之思維，復於原轉會議第1、2、3、5次會議之機緣陸續提出此概念，於第7次會議終獲總統之關注並現場交辦教育部研議，教育部旋即會同原民會在花蓮作相關專案會議共商執行方向。原民會夷將主委2021年4月赴立法院進行業務報告表示：「109年9月獲得行政院核定，自110至114年5年的建構原住民族教育文化知識體系中長程計畫——建立原住民族各族知識體系與分類架構，盤點蒐集各部會及相關機構原住民族數位典藏內容。」總統之睿智欣見終露一線曙光。

原住民族族語及文化之現況

　　目前臺灣原住民各族群文化、族語等，耆老只會口述而不會建檔承傳、政府除蒐集典藏外絕不會主動積極作為、專家學者擷取所需作田調、政治人物選舉前始關注、宗教係協助教學族語但排擠文化，而部落族人想做卻為現實生活無能為力。原住民族要如何重行建構原住民族「傳統知識體系」，也即找尋並回復傳統的人名、地名、路名、山名、河名、語言、歷史及文化等，於相關原住民族之各次會議中，最常提及為文化之清查、盤點、詢

拾、當代社會現象之觀念溝通——臺灣由威權轉型民主政府，當前原住民社會現象之我見

問、訪查、蒐集、彙整等，但過往皆屬「由上而下」零星片斷之田調，且多僅為專家學者為學術論著之研究、公部門為蒐集資料或為行政績效，常無助於部落甚或不為部落族人所認同。2002年3月行政院國科會專題研究計劃成果報告，以卑南族為例之探討深入研究原住民知識體系之建構，多僅止於專家學者之研究成果及國家典藏。轉型政府應為原住民族群未來之永續發展而努力，建構原住民族知識體系後列事項應併參考：

（一）先診斷再下藥

原住民知識體系之建構，應採「資源總清查」之方式，也即原住民族群作「健康檢查及盤點」之概念，先診斷再下藥。因真正有心收養山林中檢拾的小孩，絕非手傷擦藥修指畫眉而是先送醫健檢；臺灣新政府有心照顧原住民族群，即應回頭務實從根本做起，即將長時期強權統治下各族群殘存文化、語言、生活記憶等作完整之總清整再談復振及教育承傳。國民政府來臺以反攻大陸為志，完全漠視臺灣原住民族群生存空間及環境；解嚴後，原住民族施政皆屬頭痛醫頭之消極作為；現今轉型民主政府應遵示總統復振原住民族之決心，導引及教育全國原住民族群走出政治陰霾，讓族人覺醒、認同及勇於關切族群事務與時俱進共成長，堪稱為臺灣原住民族群千百年來，擺脫殖民及學習享受民主政治之第一堂課，可補足政府版原住民族歷史正義之缺憾，更教育並強化原住民族群對國家之認同感。

（二）角色之轉換

因威權時期原住民事務皆屬「由上而下」由政府逕為原住民作決定，且原住民族一直位處被「被研究者」之角色，轉型正義應轉換為「自我研究，自我定位」，因自己的故事由各族群自己說會更精準及更能作完整之詮釋。政府機關及各專家學者，應由過去完全主導地位，轉換成為行政指導或從旁協助之角色。並由原民會原住民各族群代表委員專責導引、整合及擔任推手之重責大任。政府應尊重原住民各族群之主體性及自己故事自己說的權利。

（三）族語及文化併同進行

因原住民族之「族語及文化」無可分割，故應將族語及文化併同進行，政府長時期採用漢式、英式或宗教式之族群族語復振多所缺憾，甚符合各自目的性之教育理念，但漠視原住民族群「無文化之語言不具內涵，而無語言之文化則無以承傳」之事實認知，故政府之美意常事倍功半無感於部落。

（四）資源總清查工作內項

以教育部或原民會所規劃之原住民傳統知識體系八大領域為主軸，依資源清查作分類、分項、分目、分次等，並由年輕族人分組、分工執行（培訓）。族群組織遴派「部落年輕族人」為核心主軸（支薪），自屬族群之專家學者回饋的從旁協助，部落耆老必然認同而欣然協力，並正視各族群差異度及避免援引參照而

同質化。內項工作概可區分：1、動物篇。2、植物篇。3、礦物篇。4、地理篇。5、天文篇。6、水利篇。7、自然篇。8、災害篇。9、食物篇。10、人物篇。11、身體篇。12、生活篇。13、禮俗篇。14、育樂篇。15、情感篇。16、祭儀篇。17、語言篇。18、文化篇。19、土地篇。20、狩獵篇。21、巫醫篇。22、其他（如生物、科技、醫學等）。自己故事由族人自己說更臻完美驚豔。

（五）主管機關「整體規劃」交部落執行

　　資源總清查為統治者對被統治者用心扶持之起步，故應請原住民主管機統籌原則性、可行性之設計規劃，交由具公法人資格之各族群或部落組織據以執行。且原民會應明訂以「族群」為執行單位（非各部落），可避免割裂族群之完整性，族群相關事項族群內部會自做溝通。除有利繁瑣業務之原民會單一化、明確化工作執行，原住民主管機關更可「專精」於17個族群，而非「無為」之應對數百個部落組織，圖以培養及喚回各族群傳統團結一致之優良傳統，全力營造各族群強而有力之民族「組織氣候」。

（六）民族系統之「部落組織」執行工作

　　資源總清查不宜由屬公務系統之公部門及其外圍組織辦理，因公部門及公務人員並無深入及瞭解原住民族語及文化之能力，況基層公所人力不足及業務繁忙，又當族群是跨行政區或當原鄉地區漢族子民超過原住民人數，原鄉之鄉公所實難獨厚原住民族

之事實。尤其公務系統組織及工作人員其必然是依法行政為最高工作原則（甚難以原住民最高權益設想）。而「部落組織」除可維護部落、肩負族語及文化承傳，並可為部落對外之對口、族人爭取權益、挑戰不當之現行法規或作修（訂）法令之強烈建議，「部落組織」乃屬原住民族力圖自治之基礎，更是原住民族群最後之守護者。故辦理資源清查工作，應由各族群屬民族系統具公法人資格之族群（或部落）組織為主，甚符合總統「由下而上」之民意及夷將主委「部落為主體」之施政理念。

「實務執行」上，當捨棄屬民族系統之「部落組織」，而仍由屬公務系統組織之「專家學者或其外圍組織」執行，必僅消極作為（預算為目的），又因「清查」及清查後之復振工作為延續性不宜拆解執行，故公部門應自始建制並培育部落組織執行清查及後續之復振工作，始為部落族人所能認同與全力支持。各族群專家學者應放下身段，屈就回歸自屬部落組織體系下全力引領或協助工作。

（七）政府之「態度」為成功之關鍵

長年來政府延續「由上而下」之族語推展措施迄今，公部門常熱鬧登場及展現成果展，周而復始承包商及中人獲利但部落卻無感，更常因政策調整、官員更替、專案結束及預算用罄而回歸原點。徒法不足以自行，故原住民族知識體系建構初起，必須由公部門研議訂頒完整規範後（應充分尊重各族群差異性及需求層次），採行政指導並引領及長期伴隨族群組織之成長，即研訂

近、中、長程務實可行之族群認同之執行計畫，併人員之專業培訓、整合部門及品管核審機制之建制。且應核列屬機關年度專案重點工作列管執行，並作機關年度考核之重要參據，政府之「態度」為成功之關鍵。

公部門慣循最易取得所需資料之漢式田調模式，可快速結案及符合在位績效，而捨棄及侵害住民各族群說眞實故事之權利，原住民族自主資源清查是無可旁貸，專家學者可主導或影響決策但不承負成敗之責，故公部門應以政策及實力強力建制、扶持、培育及用心伴隨族群（或部落）組織之成長，再引領其執行原住民族「族語及文化」之清查及後續相關教育、傳承系統化族群復振工程。

二、【風傳媒】從鄒族傳統狩獵一窺生態文化平衡點 2021/03/21

2013年7月布農族族人王光祿先生，因獵獲山羊及山羌被警方以持有非法自製獵槍及獵殺保育類動物逮捕，並以違反《槍砲彈藥刀械管制條例》予以起訴。最高法院最後將他判刑3年6月，併科罰金7萬元定讞。

但前檢察總長顏大和認爲本案有法律上疑義，因此提出非常上訴，最高法院受理後，也公開召言詞辯論庭審理，並在2017年9月底作出裁定，認爲本案有違憲之虞，因此首度以最高法院名義，向司法院大法官聲請釋憲。

本案係中華民國司法史上第一次最高法院主動向司法院大法官聲請釋憲，司法院大法官於2021年3月9日針對原住民獵人王光祿等釋憲案召開言詞辯論庭。

　　《野生動物保育法》是對野生動物之保育爲宗旨，警政署《槍砲彈藥刀械管制條例》是爲維護治安及社會安全爲考量，二者皆爲強勢族群來臺執政後所爲必要訂定之法並據以主張；而原住民獵捕動物是訴諸傳統文化及生活方式之認知爲由，兩造皆爲各自立場並無是非對錯。

　　惟今在國家尚無有效「管理動物」之保育政策下，當動物劇增泛濫明顯侵犯人類居住環境、危害農作物及至可能的生態浩劫，我們大家應共同研究思考爲如何能在原住民文化、社會安全、動物保育、山林保護等尋求平衡點。

原民狩獵文化的五大內涵

　　臺灣原住民族社會，傳統上與山林爲伍並與大地互爲生命共同體，而狩獵是一種爲求生存之傳統生活方式外，且部落獵人是兼負衛戍、承擔部落及自屬族群領域（國家）安全及部落存亡的責任與使命，絕非單純偌大漢民族狩獵做爲商業行爲或如西方民族視作休閒娛樂活動。原住民族群傳統狩獵文化是基於族群生存延續生命、保護大自然生態平衡及永續利用所爲之行爲。細言之原住民「狩獵」：

1. 是原住民族群核心支柱「語言及傳統文化」之重要內涵及延伸。

2. 是爲作食物、工具、能力及祭儀等繁瑣傳統文化生存及生活之基礎內涵。

3. 是培育年輕族人衛戍家園及謀生能力之最佳試煉及場域。

4. 是透過狩獵文化去認識自屬傳統領域、獵場及與他族群之互爲關係，更是人際倫常維繫之方式。

5. 是原住民族人、部落、祖靈、野生動物及山林之間互動連結無可分割，故臺灣原住民族各族群之傳統祭儀，皆與狩獵文化有緊密之關聯性。

爲如屬純高山原住民族之鄒族而言，狩獵爲鄒族男子存在及其生命的主要價值，獵人必恪遵hupa（近似傳統領域）各家族及個人獵場及esvxtx（約定——可謂鄒族律法）爲人際倫常之規範下運作。不會狩獵的男子及讀書人，鄒族稱kuici hahocngx（沒有用的男人）或toipo'txsi（雄蜂——只會交配啥都不會），於部落是毫無地位可言。

鄒族之傳統社會是極爲尊重山林，鄒族是狩獵民族，但並無「狩獵」之專有詞彙用語，皆以某種隱喻爲之，如coceconx（走一走）、bihbiavovei（散散步）、tmatmaseiti（勘察）、miocimifeo（想去探測）、moyaikekematmohx（製作隨興、任意的陷阱）、moe'ue'u（進入草叢）、cpucpuhu（雜草處）作陳述，可免驚動其獸靈及對飼養者（山神）之不尊重。

尤其在事前之準備工作是高度隱密，獵者必有其獨自製作及置放獵具之空間場域，並恪遵狩獵禁忌。

另如事前之ma'cacei（占夢）、ma'vazomx（鳥占）、出發前pasnga（被打噴嚏）及bispueho（祈禱祖靈護佑）等，皆具非常深厚的文化內涵。能成為一位受尊敬的獵者，除上述各項外，尚必有分享所獲、保護部落及族群安全之能力及胸襟。

　　《憲法》增修條文第10條第11項：「國家肯定多元文化，並積極維護發展原住民族語言及文化。」旨謁「族語言及文化」為維護原住民族群之核心點，原住民族「獵人」必具深厚之族語及文化內涵，故應將「槍枝及狩獵」回歸族群核心主軸（族語及文化）內項中執行。

筆者建議

1. 「族語及文化」為公部門所無法深入及觸及的領域，其乃原住民族群特有的祕密武器，若放棄或消失則實質的同化族亡；又當狩獵文化脫離母體（排擠自屬族語及文化），則易質變及難以持續成長外，更無異於隨機獵殺之商業行為及充作休閒娛樂作為。

2. 若獵槍為必要之狩獵工具，則應協助享有符合現代化科技之狩獵槍枝，並作訓練及使用管理等應明確規範，可免社會之疑慮及恐慌。

3. 凡以「原住民」而定名成立組織者，未來皆應以協助原住民族群母體（族語及文化）復振而為建制之積極要件，並明訂組織章程內。

4. 神聖之傳統原住民狩獵文化，應回歸部落傳統之「榮耀與使命」，故除具公法人「部落組織」之能力認可外，公部門族語認證應以稍具文化內涵之「高級」認證資格，為未來新取得「獵人證」之積極要件（儲備講師之培育）。

　　我們應先自我營造，即讓大多數沉默的部落族人認同、漢族社會大眾能理解而支持，及使用心願意協助原住民族群成長發展之漢族朋友，有著力點及落筆空間。

　　自助始得人助及天助，唯有自我「族群認同」及團結的「部落組織」，始為原住民族群力圖爭取任何權益、抗拒不公及面對外力最強而有力之磐石後盾。

三、【風傳媒】原住民族「創意修憲」之研議
2021/02/21

　　爲保障原住民族群文化傳統與生存尊嚴及預作原住民族未來成長發展之空間，應作原住民族創意修憲之構思。總統排除萬難於105年8月1日親向臺灣原住民族群道歉，爲原住民族群開啟一扇窗，原住民族群實應把握良機順勢學習自我營造「體制及政策創新」前瞻性思維。沒有制度不成方圓，規章制度皆係依據法律訂定遵循，原住民族未來成長發展之核心如政策制度、原則性之法令法規、健全之機關組織等實應併爲關注，宜優先重行研議者：1、《憲法》：《憲法》第三章至第九章，相關原住民族之原有族群治理差異及其所衍伸既有權益之侵損，應核列研議修憲範疇，以符轉型正義及總統道歉之意旨。2、《行政院組織法》：就現制原住民主管機關原住民族委員會，屬無具用人權、無預算權及對標的族群無具實權管理之主管機關；3、《立法院組織法》：立法院之外應設有原住民族代表大會，可協助研議重大原住民族政策及協助並監督原住民族主管機關（接地氣）；4、《原住民族基準法》：尚無施行細則，徒法不足以自行。

　　威權政府時期以「管制」原住民族群爲目的，今轉型「服務」爲導向之民主政府。而目前原住民族之「族群發展」業務仍寄人籬下，或多散落及隱藏在其他部門及其業務項下，原民會之工作同仁皆用心想做好事，但受制於「機關組織與法令制度」之無奈。惟政府組織型態、架構及層級之提升等組織改造非一蹴可及，故除中央研修相關原住民族制度及法規外，先就現有原住民

主管機關內部應研議及監督執行者概如：

1. 《原住民族委員會組織法》及《原住民族委員會處務規程》皆應全面性重作研議調整。爲如應重行研議並明訂：第一條爲設置「依據」及第二條爲設置「目的」；《原住民族委員會組織法》：第一條行政院爲「統合原住民族政策」——特設原住民族委員會。爲原住民族群之「未來」成長發展，原住民族群之主管機關不應再僅爲「統合原住民族政策」，而應轉型調整爲「綜理臺灣原住民族群事務」之主管機關，讓臺灣原住民族群能有眞正屬於自己的、具實力的主管機關。

2. 未來原住民族主管機關原住民族委員會之「主任委員及各族族群委員」產生皆應尊重標的族群，尤其是各「族群代表委員」，不宜再視作如威權時期爲控管原住民族群所爲「政治任命」職位，應研修爲各族群自行「選舉或推派」擔任，並建構「原住民族群代表大會」。

3. 隨著目的事業之成長，機關組織內部功能分化爲屬常態，尤其是威權管制轉型爲民主服務制度，原住民族主管機關業務應隨著調整，如對原住民族制度及法令之研議、重大政策之研訂、族群成長發展業務、國際關係業務、行政監督及核審品管機制、研究發展部門等甚多種類繁雜之原住民事務，甚難再以早期所建構原民會六局處所能承負。

4. 原住民族行政組織及名稱之研議。諸如中央原民會、五都原民會、地方原民處、原民局及其他原住民單位及相關工

作組織之名稱、權責及組織業務等皆重行檢討並列表明
敘；重行研議及明確界定原住民「名稱」之使用及權益，
如部落原住民、都會區原住民、平埔原住民、平地原住
民、山地原住民等；又所謂山地原住民及平地原住民之區
分實益或存廢之研議；山地原住民及平埔原住民二者屬
性、權益及業務區別之研議；原住民地區選舉區之劃分應
依實重作研議調整。

5. 原住民族各項重大專案性議案之執行。如原住民族主管
機關層級提升、《原基法施行細則》、《原住民族自治
法》、《土海法》、部落公法人、原住民族民族組織系統
等專案，應明確專責部門及人員（窗口），並「列管監
督」執行。另應建構原住民族群政策及業務之監督及品管
核審機制（應尊重標的族群）。

6. 原住民族「民族教育」以原住民族「傳統知識」為內涵，
原住民族傳統知識體系應以「民族系統組織」主導建構。
原住民族主管機關應承負統籌規劃之責，交予各族群「民
族系統組織」執行；原民會已核定之746個屬民族系統體
下之部落會議組織，但多形同虛設，惟有團結的「部落組
織」為任何主張或權益爭取之先決條件。

7. 原住民族論壇及部落族語論談之建構並設置獎勵金，除由
下而上之民意可蒐集為政策之參據外，更具鼓勵年輕族人
關注原住民事務及學習自屬族語文化之積極誘因。

8. 原住民族公共傳媒為原住民族群及部落族人最信賴之主要

資訊源，建請研議協助政府作原住民族群「新政策、新法令、重要施政措施及原住民未來願景」等之資訊傳播及政令宣導教育。

我們深信上天會有最好的安排，但它絕不是天上掉下來的禮物，故未來原住民族主管機關，應具勇氣及視野跳脫窠臼之創新思維，尤其當次級系統無主系統之牽引，則必各立山頭、漫無目標的無疾而終，故我們除原住民權益福利、歌舞、美食、技藝、體育及各類競賽等常態性可「立見績效」之業務外，另原住民族未來成長發展之核心主軸，屬「主系統」之政策制度、機關組織、法令法規、未來願景及民族系統組織等制度及政策創新，應併作研議建制或檢討入憲。

四、【風傳媒】觀點投書：原住民族「部落組織」實務執行之困境2020/12/31

「部落組織」除可維護部落、肩負族語及文化承傳，並可為部落對外之對口、族人爭取權益、挑戰不當之現行法規或作修（訂）法令之建議，故「部落組織」乃屬原住民族力圖自治之基礎，更是原住民族群最後之守護者。

目前國內屬原住民族群之各項公共政策，中央無不明確指示：要先與「部落組織」諮商、討論或溝通。惟目前「部落組織」實際執行上之困境：1、原民會已核定之746個部落組織，但多形同虛設無部落組織會議之實（多設有會議主席，卻無組織、

無會議更無計畫，而甚難爲族人認同）。2、各機關遵循民主政府之轉型政策，對原住民族群趨轉尊重，但族群無成熟之部落組織，卽「找不到部落對口」可協商溝通。3、目前地方政府及人民團體，尤其是非原住民之團體或個人，因恐將失去掌控部落之權力及可能喪失既得利益，而排擠或全力反對部落組織之建制。4、更甚者，若當部落會議主席爲部落經商者擔任，僅作有利個人行爲或對外代表部落作協商及承諾，不但未積極經營族人所高度期待之部落組織，更反成部落組織建構最直接阻撓及抗拒者。5、當原住民族自治團體納入國家行政體系之一環規劃時（公職人員擔任會議主席），則部落組織不具存在之實義。因當國家依然深入及影響原住民族群部落，必持續上演黨政派閥之爭，擾亂原住民傳統社會秩序及撕裂情感，深受部落族人之反彈，更也明顯違反部落公法人「爲促進原住民族部落、健全自主發展的精神」。依《原基法》第21條之部落諮商及同意權、部落公法人及依《原住民族自治暫行條例草案》第二條之原住民族自治等，「部落組織」之建構爲屬原住民主管機關責無旁貸之責。

筆者提3項「落實蔡總統復振臺灣原住民族群之明確決心」建議：

1. 原住民族「公務系統」組織外，應由下而上另建構屬原住民族群之「民族系統」組織，其中最基層之「部落組織」，可先單純就最急迫性公部門無法深入之「族語及文化」領域，作爲「部落組織」現階段之核心任務，自可避免因權益或職權競合致生之排擠效應。

2. 若無部落族之認同及部落組織之支撐，公部門由上而下之族語推展為屬緣木求魚，因專案結束或官員更替即回歸原點。

3. 原民會已公開核定746個部落組織，因「前述」各類因素而毫無自足成長之空間。徒法不足以自行，故原住民主管機關「原住民族委員會」應用心積極推展，逐案列管追蹤執行，並以政策及實力強力扶持並「伴隨部落組織」之成長。

五、【風傳媒】觀點投書：原轉會實務執行之盲點及建議參考意見2020/12/09

原轉會所提議案，皆相關臺灣原住民族群過往歷史之不正義、族群未來整體發展及未來願景，多屬嚴峻的法律層次甚或超越現行法，並非現有法規、行政機關組織所能應對處理。總統府原轉會所提議案，本質上皆屬原住民族「主管機關」原民會之相關業務範疇，族人透過原轉會機制而揭露，然未來實務執行必然回歸行政部門，歷經三年共計13次原轉會議之實際運作，呈現實務執行上之盲點概述如後。

1. 105年08月01日總統核定之《總統府原住民族歷史正義與轉型正義委員會設置要點》等，該草案之研訂，係於原轉會各族群代表尚未成立前，且係無前列可循下所建制，更無滲入族群代表意見，應重作研議檢討。

2.三個月召開一次會議之原轉會，欠缺族群橫向溝通聯繫機制，應規劃增設「期中會議」，並於提案表送出期限前一週內舉行。「期中會議」重點為：（1）對上次會議提案之處理情形作專案說明，俾作委員提案之參考。（2）各委員代表規劃提案之意見交換達成之共識，可避免遺漏或重複提案。（3）初審各委員所提議案是否符合提案規範。（4）族群委員相互溝通及相互徵求提案連署。（5）下次會議核心議題達成共識。

3.目前原民會除前述支援原轉會會議之工作人員外，原住民族之「主管機關」似技術性自我「置身事外」之設計。卽原轉會各提案係由總統府會議工作小組，按業務屬性直接分案各相關業務之主管機關，各業務主管機關依現行法令逕作回覆而回歸原點。屬行政院原住民族主管機關原住民族委員會，實應併同建制與總統府原轉會「相對應機制」，卽屬「行政院層次」之處理應對機制，實際執行總統府原轉會所提議案，並以主管機關之高度，專責全案承接列管，並逐項分析研提議案之「可行性、價值性、未來性及與中央各部會高層溝通或研議修法方向及後續處理等相關事宜」之制度設計，非要直接依現行法回應並快速結案為目的。

4.因總統府原轉會僅有「提案權」，故所列管執行案件，應由具行政權之原住民族主管機關原住民族委員會「相對應機制」協助追案、瞭解案情及溝通協調。並可依循行政組

織系統及原民會各族群代表委員作宣導，讓地方政府及部落族人瞭解總統府原轉會之工作情形。行政院原住民主管機關原民會，應上對總統府原轉會、下對各原住民16族群及地方政府，更重要的為橫向（各相關部會）之構通協調。

5. 為補足國會議員制度上之缺漏，應強化原民會各族群委員之族群代表性，以符合族人之高度期待，亦符合總統「由下而上」民意及夷將主委「部落為主體」之施政理念。於第十次委員會議中提出，原民會回覆：「……揭示本會組織編制已納有各族代表之機制，次按本會處務規程第3條所定委員權責，已賦予委員得於委員議提出本會相關議案、對本會業務改進意見之提議之權責。」惟由原民會主任委員欽點指派之各族群代表委員，實難有監督原民會之實務。定名為各族群代表委員，即應為由各族群遴派（非中央指派），並定位為族群派赴中央之民族代表，除法定權責外，應併專責中央及地方溝通之橋樑、部落民意咨詢及反映、承上啟下及代表族群協助並監督原民會為本職之制度設計。另屬總統府之原轉會委員更不宜涉入或干擾地方行政及政治，並直接侵犯原民會原住民族「族群委員」權責，疊床架屋業務競合之制度規劃設置，應併重行檢討。

6. 原轉會應以所提議案執行「效率、效能」及族群「滿意度、回應性」等作為工作績效，而非以各族群所提議案之多寡、報告書之厚薄及會議之次數衡評績效。原住民主管

機關原民會應重行逐案檢視，併將各族群委員所提議案、公部門處理情形回覆結果及後續執行情形，分別彙整成冊呈送總統府，轉送各提案族群及委員（原民會列管追蹤執行）。

7. 原住民主管機關應善用行政系統組織，傳達或宣導原轉會各類訊息。為如原轉會各類提案，經確實可行者、回覆無法執行者、與法不合者或列屬刻正研議中等，皆應由原住民主管機關原民會，依循行政系統函知全國各相關機關、各原住民鄉鎮及經原民會核定列案之746個部落組織瞭解，並可由地方行政、民代及部落組織關注及接續執行。

8. 「部落組織」是原住民族力圖自治及部落公法人之基礎，更是原住民族群之最後守護者，惟目前原民會已核定之746個部落組織多形同虛設。目前地方政府及人民團體尤其是非原住民之團體或個人，因恐將失去掌控部落或可能喪失既得利益，而排擠或全力反對部落組織之建制；又部落會議主席為部落經商者或公務系統人士擔任，則部落組織不具存在之實義。扶持並建制部落組織係原住民主管機關責無旁貸之法定權責。前第十二次原轉會議提案，原民會回覆：「……本會將賡續宣導並協請鄉（鎮、市、區）公所輔導部落成立部落會議，以培養族群及部落組織之穩定性，以作為未來原住民族群成長發展及原住民族民族自治之根基。」惟徒法不足以自行（況與公所業務相競合），國家行政系統體系應以政策及實力強力扶持並伴隨部落組

織之成長。

9. 若部落組織健全，就不會產生原轉會第三屆族群委員代表推舉，部落反彈及抗議等事件。前那瑪夏原轉會代表孔委員更指出：「這次原轉會委員選拔制度跟上次大大不同，上次是開放尊重各族內部自決，這次是地方政府限縮民族參與。又是行政界不依照總統府轉型正義精神，在辦公室自己決定，不參考各族的傳統社會制度……。」的確！政府捨去部落組織，而直接以高度行政權主導之委員推舉並不符部落族人之期待，更也直接違背總統「由下而上」之民意及夷將主委「部落為主體」之施政理念。

10. 為落實蔡總統復振臺灣原住民族群族語、文化明確之決心，原住民族「公務系統」組織外，應由下而上建構屬原住民族群之「民族系統」組織，其中最基層之「部落組織」，可先單純就最急迫性公部門無法深入之「族語及文化」領域即知識體系之建構，作為「部落組織」首階段之核心任務，自可避免因權益或職權競合致生之相互排擠效應；而屬「民族系統」組織中，於中央各族群代表之「族群代表聯席會議」機制，可協助並監督原住民族主管機關（政策及施政接地氣）。

威權政府時期採行執行原住民「管制」政策，為今轉型民主政府係以「服務」為導向之政策，甚多種類繁雜之原住民事務，原住民族主管機關甚難再以早期所建構原民會六局處之「機關組織及編制」所能夠承受及突破；而原住民族群之主管機關原住民

族委員會，建制機關之主要任務不應再只爲依法「統合原住民族政策」之行政部門，應隨政府轉型調整並明訂爲「綜理臺灣原住民族族群事務」部級以上之主管機關，應讓臺灣原住民族能有一個眞正屬於自己的、具有實權的主管機關。總統排除萬難爲臺灣原住民族群開啟一扇窗，且非常正視的13次原轉會議全程主持，我們實不應辜負總統的用心良苦。

六、【風傳媒】觀點投書：古道明日之星——八通關越嶺古道2020/09/26

清治與日治時期，先後建制二條八通關越嶺古道，一爲1875年清治時期所建之「清古道」。二爲1921年日治時期，日本政府爲了實行理著政策，闢建與清古道迴異之八通關越嶺古道，簡稱「日古道」。

目前國內所稱八通關越嶺古道，多係依循日古道而行之「八通關越嶺步道」。該古道常態由爬坡較短之西端爲起點，俗稱「順走」（反之爲逆走）。「順走」爲西起南投「東埔登山口」，東至花蓮至玉里「南安登山口」全長約百餘公里。越嶺古道中沿途可見日治吊橋、紀念碑、原住民部落遺蹟、日警駐在所遺址及華巴諾砲陣地等，是一條集人文古蹟、歷史文化及生態教育（闊葉林、針葉林及寒原帶）極具潛力之大自然學堂，堪稱國家級或世界級之越嶺古道。2019年10月行政院正式宣布五大開放山林之管理政策，但因欠缺相關配套措施，公部門刻正積極努力

但緩不濟急，2020年6月至9月短短四個月，該古道迄今已有六起不幸山難意外事件。

　　筆者參與2020/09/05—13日花蓮「卓溪登山協會」8天7夜越嶺古道實地教育訓練。在尚未完全修整之古道，多仰賴高山協作員及領隊沿途砍草、鋸木、挖路、帶領繞道及臨時變更安全之夜宿點。尤其多處異常艱險路段，協作員常是貼心的協助承負團員重裝大背包，再回頭前、後保護較弱成員安全通過，著實令人感動。就本次實務經驗，承接八通關越嶺古道之經營團隊，必須具備在地山林實務經驗、地理環境之熟識、在地相關歷史文化之深入研究、緊急應變能力及經成熟之古道及高山嚮導之專業訓練。筆者二度實地走訪越嶺古道，若經營該古道確實有待商榷之處，謹提請併作參考。

1. 相關公部門官員，應親率各相關部落組織及其各登山協會，作危險路段之清查統計並提修復整建計畫，另沿途垃圾應納入計畫併作清理。

2. 八通關越嶺古道行程應採分級制，如：A、佳心（毋需申請）。B、瓦拉米山屋。C、大分（華巴諾砲臺）。D托馬斯。E、大水窟山屋。F、全程（東埔至玉里）。除A行程外皆應申請。並明確分級制、明定行程天數及收費標準。

3. 因八通越嶺全程（七至九天）為屬長途重裝之古道旅程，近百餘公里路之原始森林，且大多為無訊號區、野生動物之天堂、猛獸出沒區及路況變數極大，如颱風、大雨、久旱、地震及雷擊皆可造成危機及道路受阻不通，故應採實

名登記制並作總量管制，不宜開放自由行。

4. 進入管制區內，除里程數標示外，毋需設置各類標示牌，如小心有熊、小心落石、小心有蛇、路面濕滑等污染山林，因全段皆具同等風險，應併納入古道旅程安全、敬重山林及尊重原住民文化之正式國民及社會教育。

5. 目前實際越嶺古道與原古道標示里程數落差甚大，應以目前「實際」越嶺古道重作里程標示，並應加注標高及座標。另如金門峒及土葛等自然大崩地（逐年加劇嚴重），原線道應可考量放棄修復，重行研議擇定較安全之繞行替代道路，並明確標註里程數。

6. 為確保旅程安全，經營該古道產業，必由經過訓練之「部落登山協會」成員作協作、嚮導及領隊。主因山區天候異常，行程常為無預警的變動。尤其進入無訊號區大水窟至瓦拉米深山區，如臨時落石、溝渠大水、大量風倒木之開路或繞安全的路徑。若為安全疑慮無法通過所需水源、糧食、擇取臨時安全營地、避寒防餓、穩定團隊及協助山難或意外事件之緊急救護，誠非有熟識該區並經過多次培訓之在地族人所能。又該區皆屬布農族之傳統領域，公部門應全力輔導布農族登山協會專業經營，營造成該部落或族群之特色產業。

7. 公部門應允許部落登山協會核發成功越嶺證明書，該書對登山者為莫大成就，協會更可藉此統計每年成功越嶺人數之消長並作檢討分析，對策略性經營具積極誘因及正面之

具益。

8. 沿途日人紀念碑之突兀，絕非原住民祖靈所樂見。應爲英勇的布農勇士立碑，而非爲外來入侵者禱念立碑於斯土上。政府若爲保留古蹟，應另以由布農族人之觀點作事實（事件）陳述，並增立設置「事件緣由」之概述轉正，俾供後人瞭解事實眞象。

9. 古道沿線有56處日警駐在所遺址，具極驚豔豐富之異國文化（與原住民息息相關），應共同研議評估擇要復振。其中多美麗駐在所人字砌石牆，高約3.5公尺總長約105公尺長蔚爲奇觀。因族人之耆老快速凋零，公部門應加速進度。

10. 托馬斯駐在所臺地，位處大水窟山屋及大分山屋之間，常爲古道行之中繼站。可參酌研議塑造高山野營教育環境（毋需增蓋山屋浪費公帑），可凝聚參與團員，如體驗山中取水、共同紮營野宿及夜間觀察聆聽野生動物之難得經驗。可研議預留大布棚三組備用，毋需讓辛苦的協作人員隨團背負大布棚（若經協會評估，如停機坪或其他可爲臨時緊急中繼站區皆可參酌設置）。該布棚應分別固定懸吊大樹以防黑熊破壞，並請古道維修或巡山人員併作檢視維護。

11. 原住民族族語與文化是無可分割，故公部門應併將布農族語及文化之復振，作爲策略性規劃之核心主軸，甚或未來部落登山協會成員，皆應將族語認證列爲招募成員積極要

件作爲努力方向。因部落族人之認同爲永續經營及成功要件，故請公部門作整體規劃時應併作考量。

12. 日人利用原住民修築古道、以番制番控制原住民、殘害原住民再強制遷離，以獲取山林資源等全程歷史事件及文化之故事性，應經部落共同討論及整合意見，俾能有一致性之說詞，更可避免自屬歷史文化有捕風捉影逐代加油添醋，成多種版本而影響或困擾下一代。

13. 東西二端入口原住民部落，可專爲登山客量身訂作之經營規劃，如行程安排、交通接送、行前簡報、簡單住宿、原住民特色風味餐及農特產品之展售等周邊效益，對青年返鄉、在地創生及部落發展極具正面助益。

14. 大分地區原國小遺址，遺留專家學者觀測及拍攝野生動物器材，實有礙觀瞻及污染環境，研究者功成名就結束工作，所使用器材應併作處理，公部門對環境保育，應併作加強教育及宣導。

八通關越嶺古道可謂橫貫臺灣最長、最具歷史文化意涵、生態環境最豐富之古道，可近距離眺望玉山山脈之氣勢磅礡，沿途巨木蒼勁古木參天、懸崖峭壁一線天，及至3000公尺以上臺灣屋脊之中央山脈，四週展望遼闊及大型野生動物近距離接觸。橫越大水窟即鄒族所謂mohkuv'o ci c'oeha（流錯方向的河流：秀姑巒溪之源頭），更是層峰疊連、斷崖峽谷飛瀑流泉、山巔深壑深不可測及古道上高密度駐在所，更有最具歷史及文化意涵之布農族傳統耕居地及家屋遺址。有朝一日必成國內外生態、歷史、文

化深度旅遊之明日之星，惟除需政府宏觀視野用心關注及全力協助外，更需有團結的原住民「族群或部落組織」之認同及協同一致高度專業之「部落登山協會」共同努力始可峻功。

七、【自由評論網】談話性節目公然污衊鄒族人 2020/06/29

2020年6月7日東森新聞《新聞挖挖哇》登山作家劉先生報導，1998年一名23歲的紐西蘭少年魯本來到臺灣爬阿里山失蹤案。節目中明敍：「其身著紅色風衣往下走——走到叉路獨自下切而失蹤，該區曾有漢族在千人洞附近採樟木製作飯桶，因擅取落入鄒族人陷阱之一隻鹿，鄒族原住民當晚以出草獵人頭方式屠殺這18戶人家。」

另有傳媒更以「千人洞在日據時期曾有一群抗日志士在此定居，共有18戶人家，附近則有鄒族原住民，但某天因為他們疏於防守，原住民趁著深夜進村，以獵人頭方式血腥屠殺近百人，宣告滅村」等捕風捉影之報導。

以上不論何種報導，皆高度不尊重原住民，來賓於節目中繪聲繪影之神情，若似身歷其境現場播報，並毫不忌諱公然污衊鄒族人。鄒族人豈會為一隻鹿而傷人？該區可曾有漢族村落？「當晚出草『獵人頭』方式屠殺這18戶人家」等論述，皆與鄒族人絕不獵殺漢人之傳統習俗相違。

曾親身經歷協尋魯本之鄒族人回憶：「當年和魯本之父親率

義警協同到阿里山豐山山區協尋多日未果，結束前魯父還送本人一副項鍊做記念，目前回憶深深傷感，感動！……到最後陪魯父到豐山的，只剩數名義務（沒有收費）的山地義警。」此後其父親還曾再至鄒族部落作感恩之旅。

此乃「隱善揚惡」並傷害鄒族人之不實報導，族人必然反彈。優勢族群高級知識分子、知名作家，尤應謹言慎行、言之有據，並恪遵創作倫理道德及良知，不應為個人聲量或版面而作自我完美虛構性之論述，尤其不應輕率碰觸或挑起族群對立。

本案之嚴重性在於，《新聞挖挖哇》既已「報導」給全國周知，現代鄒族族人若不作聲，就是默認，且不會因「消極的應對」而改變國人對所謂鄒族人「野蠻劣行」之刻板印象（鄒族子孫因之無端承擔虛構血腥屠殺之惡名）。尤其未來可能面臨更嚴峻的侵門踏戶，蠶食原住民土地、財團強行在原鄉地區大量開發、興建寺廟，或以類此不實報導公然污衊原住民族人等。

筆者以為，現代原鄉部落年輕人應強化族群自我認同，並應優先建構強而有力的「部落組織」保護部落，並成部落對外窗口。更嚴正明敘：萬勿依賴「依法行政」之公部門，且公務人員並無義務承負原住民族「族語及文化」存亡之責任，及更勿奢望依靠已被「政治或私利」束縛的長輩們，故為本案及未來事件之因應及未雨綢繆，部落應積極優先建構「部落自我防衛機制」，他山之石可以攻錯。

八、【自由評論網】原住民之部落防疫機制2020/03/29

武漢肺炎疫情仍尚未減緩趨勢，全世界各國皆置身事外，起初不以為意之國家目前皆意識到事態之嚴重性，草木皆兵高度警戒，甚至進入鎖國、封城、宵禁、緊急命令之戰時狀態。

在臺灣，由於蔡政府的明確及正確的決策，醫療體系全體總動員並作超前部署之積極作為，都會區居民皆能強烈感受疫情強烈之震波，而更全力配合政府各項防疫及應對措施。然臺灣原住民部落因多位處偏鄉地區，人口雖不密集，但卻有非常熱情開朗之民族個性，頻繁之邀約、分享、歡聚更是常態生活之一環。

今為非常時期，祈請部落族人可借此作觀念上之微調，揚棄戴口罩覺得不好意思、不赴約或不參與聚會是瞧不起、戴口罩是嫌棄、不慶功宴是小氣等屬「面子問題」之個體心理因素。原民會主委夷將‧拔路兒除持續強力作關注部落防疫之提示外，2020年3月5日更也明示部落歲時祭儀不對外開放及減少遊客參與。

原民會主委夷將‧拔路兒除持續強力作關注部落防疫之提示外，2020年3月5日更也明示部落歲時祭儀不對外開放及減少遊客參與。

事實上，我們應換個角度審視，全民防疫時期不邀約、不赴約及戴口罩，自可避免不必要之相互感染，此乃相互尊重及負責任之作為。當前原鄉部落應特別注意彙整概如：

1.勤用正確方式洗手及勤量體溫。

2.出家門請正確戴口罩，並請注意咳嗽禮節。

3.好友相見，要拱手請安不要握握手。

4. 儘量避免不必要之邀約、聚會或去醫院（是朋友皆能理解的）。

5. 儘量少去人多聚集的地方。

6. 請隨身攜帶小型酒精瓶。

7. 爲保護親朋好友，請儘量採用電話或傳媒「請安或溝通」；可藉機教教長輩學習使用視訊或line訊與親友溝通連繫。

8. 若必須面對面溝通，請與他人保持一公尺以上之公共安全距離。

9. 爲保護朋友及自己，請儘量避免送（收）或饋贈物品，避免接觸感染機會。

10. 若身體感覺不適，請速篩檢。若居家檢疫或隔離，務請依規定在家或自主管理，請勿趴趴走避免重罰及造成人心恐慌。

原住民部落族人朋友們！我們常會不經意的鐵齒或抱持僥倖心理，那麼多人怎麼可能是……而毫不在意的我行我素，我們應該意識到「一人傳染全家受影響」之嚴重性，卻並無親友「可以或能夠」陪伴住院之殘酷事實。事實上，此刻串門子就是傷害他人，不走親不訪友，親友必定感謝您！我們應藉此上天給予人類空前嚴酷疫情的試煉與挑戰作反思，能在家陪家人實乃對社會作最大之貢獻。少聚會，親情、友情並不會散！只要我們相信政府、配合政府萬衆一心，必定很快能柳暗花明再歡聚，主佑部落！天佑臺灣！

拾、當代社會現象之觀念溝通——臺灣由威權轉型民主政府，當前原住民社會現象之我見

141

九、【自由評論網】原住民族「族語及文化」復振成敗之關鍵2020/02/05

　　盛況空前的「原住民族語群英會」於109年2月21日世界母語日，在臺北圓山大飯店舉辦，與會者共同展現維護母語的決心。誠感謝總統承諾並兌現核予《原住民族語言發展法》之大禮，我們已有推展族語之法規依據，也確立族語為國家語言之地位，語言發展中心、語言研究發展基金會也到位了。目前，係考驗行政部門推展之智慧。

　　行政部門之態度及各族群組織之參與度，著實為原住民族「族語及文化」復振成敗之關鍵。

　　個人長時期從事母語志工經驗，若要務實有效執行，必須併同關注以下幾點。

（一）首先行政部門之「心態」要調整

　　公部門必須要揚棄過去一直採行之由上而下、採漢族思維及「管理」原住民之心態。簡言之，過去政府僅只到處收集原住民族語及文化資料，以滿足政府收集典藏資料或作行政績效（但多為不完整及不為族人所認同）。在此需強調的是，行政部門應以總統「由下而上」之民意及將主體委由「部落為主體」之施政理念，作為執行族語文化復振工作「心態」上之出發點。

（二）只重族語而排斥傳統文化應調整

原住民族族語與文化是無可分割的。早年原住民族語是因教會之努力得以逐步提倡復振，但部分宗教雖明確支持族語，卻反對祭典等傳統文化，甚至迄今仍反對子女參加原住民祭典活動。公部門深受此影響，早年原住民「教材」是純漢族思維，全國統一給漢字再據以翻成自己族語。

原住民考族語認證是完全採「英檢」模式，刻意忽略原住民族族語與文化之關聯性。英檢聽說讀寫強即可考上優等（不需要瞭解美國文化），但原住民之語言句句都是文化之呈現。族語認證中之「高級」，應是「族語能力」之最高測試；優級（薪傳級）應以「文化能力」之評測爲主（族語及文化應爲3：7之比重），行政部門應重作思考。

（三）復振族語文化執行方案之建構

因「族語及文化」是公部門無法深入探究的領域。爲執行族語及文化之復振工作，公部門必先建構一個完整可行的「執行方案」。而執行方案不應只考量專家學者或行政部門自作看法，我們復振族語文化的主角對象是各族群，不應忽略標的族群之主體性。

（四）實際執行復振工作者爲「部落組織」

對族語及文化部分，原民會受國家「制度、組織及法令法規」的限制，僅僅只有維持原住民族群呼吸之功能，並無帶領原住民族群成長發展之實力。所以屬公務系統組織體系之原民會，

應優先協助建構屬原住民「民族系統組織體系」，國家系統及民族系統二系統組織合力，共同為原住民族事務而努力。若沒有部落組織系統之參與，原住民族語及文化復振工作則屬緣木求魚。

（五）主管機關原民會之任務及角色

在原住民傳統知識系統之建構中，主管機關原民會主要任務，應為導引及統籌規劃之責。對「族語文化部分」，原民會應由長時期以來的主導之角色，調整轉換為「行政指導」之角色、專家學者也應調整為「從旁協助」之角色。這是教原住民釣魚，不是送魚給原住民吃，教導原住民怎麼做，而不是政府幫你做。

前述各項，行政部門應重行思考，且原住民主管機關對各族群「族語及文化」清查結果，應作統籌彙整並建構原住民各族群之「知識體系資料庫」作為族群成長及發展之根基，再用族群認同之資料庫資料，作為教育原住民老師、大專研究生、專家學者、學校學生及部落組織之教材。各族群「語文中心」應逐步導正過往不為部落族人認同之漢式族語教材，及不正確的原住民論述（含國家文獻）。

行政部門之態度及各族群組織之參與度，著實為原住民族「族語及文化」復振成敗之關鍵。

十、【Yahoo論壇】原住民「選舉輸贏」之智慧 2020/01/14

　　放下是智慧，陷入困境應沉穩冷靜跳出窠臼再回頭看看，不過爾爾，笑一笑轉念重新出發；選擇是智慧，要用你的智慧面對及承擔你的抉擇，如履薄冰福潤全民。

　　你支持的候選人沒選上，明天的太陽依然微笑溫暖、我依然是我，薪水也沒少，沮喪啥？如果支持的候選人選上，明天依然要繳學貸、房租、車貸，薪水沒多一毛錢，高興啥？皆屬臺語所謂之「看人吃飯叫燙」，因威權時代末期過度操弄及激化臺灣人民，而致使現今社會壁壘分明的你死我活，惟可歸因謂臺灣學習邁向民主國家「道路上」之步程。

　　就筆者長時期觀察部落選舉態樣，絕大多數正常族人心態，是極單純的給我更好一點日子之心理期待及感恩並滿足於少許德政；再則兄弟登山各自努力，不論輸贏皆自精彩，但原住民族人常無意間淪作政爭工具，而傷害血濃於水的兄弟情，就鄒族而言，獵人上山狩獵之結果，不論喜悅或失望常不及半日，就得繼續著手為下一次努力，若超過半日狂歡或悲情，就非族人未來託付或期待的新好男人，若傲慢、凌辱失敗者必為族人所唾棄，所以fihnozomx（跟著鳥走）即幸運獲勝者，更應謙卑自制、承負重任，而撫平選舉創傷更是優勝者智慧之展現，因臺灣斯島經不起任何紛擾內亂。

　　全年燒香拜佛祈求神明護佑、也常教化他人舉頭三尺有神明優勢的大漢民族子民，卻常出現光怪陸離野蠻偏失的行徑，最無

辜的是不知佛門爲何之臺灣原住民族群是永無止盡的跟著受罪，你們是爭「王位」，原住民僅僅只想過安穩、有飯吃的簡單生活。

誠希冀臺灣各政黨能珍惜得來不易的臺灣民主，更應珍惜自我蛻變契機，「政黨」是人民的付託，「政黨輪替」是民主常態，民智萌發之資訊時代「政策及政績導向」爲未來選舉必然趨勢，尤其現代年輕人有極高選擇自主性，且國家及政府的未來是現代年輕人之未來，應爲當家作主預作繆謀，故現代年輕人務必自我精進並學習理智及寬容，更應具放眼全世界之宏觀格局，別被現代大人之政爭洗腦而迷失自我及未來正確方向。

十一、【Yahoo論壇】原住民期待之「國會議員」

原轉會和解小組於2019/12/12假臺北舉辦「國際人權與原住民轉型正義論壇」精要節錄，加拿大代表：原住民並無男他及女她之別、語言會塑造他人對你的認知。紐西蘭代表：我們原住民都屬於彼此、殖名不定義我們絕望、和平協議可能爲不同手法之略奪。原民會副主委Tibusungu（汪明輝）更明述臺灣原住民族「教育體系」之必要性。而共通關注議題則爲原住民族自主權、民族教育、土地及人權等，皆與目前臺灣原住民各族群爲團結認同、展現主體性及務實發展根基之原住民族「民族體系」、「教育體系」及「知識體系」不謀而合，他山之石可以攻錯。

目前臺灣原住民族現況

　　目前臺灣原住民各族群文化、語言等，耆老只會口述而不會建檔留存、政府絕不會主動作為、專家學者擷取所需、政治人物選舉前始關注及部落族人想做卻為生活無能為力。原住民要如何找尋並回復傳統的人名、地名、路名、山名、河名、語言、歷史及文化等，也就是我們要如何重行建構原住民「傳統知識體系」。於現今耆老、文化、語言與時間賽跑的今日，著實為原住民族群當前無可等待之急迫要務。然於原住民族任何會議中，最常提及文化之清查、盤點、詢問、訪查、蒐集、彙整等，但過往皆屬由上而下、個案或學術作論文研究之清查或田調等皆無感於部落。

資源總清查之重要性

　　原住民「資源清查」，此乃族群教育延續與傳承、民族識別之維護、重建原住民族社會秩序、銜接過去現在及未來生活、原住民主體性之呈現及原住民各族群復振之根基。「清查結果」可分流執行，如歷史真相、強化國家文獻典藏、教育內涵、語言文化傳承、土地等，及各修正建議、行政立法措施，併作國家政策研議之參據；不但可喚醒族群認同及凝聚族群內部團結，全力營造原住民族群強而有力之組織作為原住民政策之支撐（政策接地氣），專家學者可據以執行更專精之研究、分析及標靶治療工作，更可及早培育部落年輕族人，實際接觸並定位自屬文化。簡言之，原住民教育體系必須建構，而原住民教育之內涵為原住民

「傳統知識」，原住民傳統「知識體系」之建構，需採「資源清查」，資源清查需由「部落組織」辦理才能落實。

原住民族部落期待之國會議員

部落期待中之原住民族國會議員，不再是激情、抗爭而是除了族人常態性之權益、福利、土地外，更應具宏觀視野併為關注屬前瞻性、未來性之原住民未來願景事務：1、協助原住民最高行部門成為真具實力原住民族群之「主管機關」，並於中央建制民族代表制或族策顧問。2、使公務機關平衡兼顧族人切身權益福利之「子系統」組織及業務外，尤應正視引領族群成長發展之「主系統」建制。3、建制可使族群自主成長之「民族系統組織體系」及「原住民教育體系」並行輔導伴隨成長。4、優先執行為原住民族群復振根基之原住民「資源清查」，俾重行建構原住民族各族群之「傳統知識體系」，作為原住民族未來教育之內涵及國家執行原住民族「族群發展」工程之核心主軸。

十二、【Yahoo論壇】林下經濟——政府期待「枝頭」花朵，原住民期待「樹頭」治癒隱藏爛根2019/05/07

農委會林務局推動林下經濟之一的「森林蜜」，已在賽夏族居住的南庄耕耘一年，農委會主委陳吉仲（前右）29日前往南庄體驗搖蜜，為振興村落農業經濟，自2006年起政府陸續推出新農業運動、新農人政策、農村再生計畫、青壯年返鄉、嶄新的農業

行業、新富農等，綜觀長年各類政策成功案例為屬鳳毛麟角。當前政府轉型力推親民富民政策，如農委會提出之「林下經濟」政策，鼓勵各種社會主體跨所有制、跨行業、跨地區投資發展林下經濟產業；國發會更併推「在地創生」政策，更加碼有機農業六星加值計畫。政府著力期待「枝頭」上炫麗的花朵，而原住民卻是期待「樹頭」隱藏爛根之標靶治癒。

臺灣原住民族群生存之核心議題為「土地」，歷代統治臺灣之外來政權，皆採國家實力強勢執行各自土地政策，更合理化壓縮原住民生存空間，為如日治時期將原住民集中管理，並大刀一揮將原住民傳統耕植地劃為國有地，而國民政府來臺後照單全收。事實上，該區原本就為原住民世代居住區，且迄今亦皆屬族人賴以維生之墾植地。更明確的說，臺灣原住民長於斯守護山林千百年，祖先在此耕作時，根本尚未有所謂之「國家或法令、法規」之存在。為今，忠實守法之原住民恪遵現今國家法律，依循《公有土地增劃編原住民保留地審查作業規範》第四條：「原住民於中華民國七十七年二月一日前即使用其祖先遺留且目前仍繼續使用之公有上地，得於自公布實施之日起，申請增編或劃編原住民保留地……」申請土地增編時，政府卻以民國21年在中國大陸所威權單向制定之《森林法》大多予以駁回。

「層次植栽」為臺灣原住民各族群，歷代傳統常態之耕植方式，今政府直接圖以新詞彙「林下經濟」政策，消弭或掩飾原住民對「土地」之強烈訴求。當國家大量開放漢民族承租公有地經營林下經濟，而又不准原住民祖傳耕地增編為原住民保留地

時；當族人眼見祖傳耕地，將直接為資本家或外地財團所占有時；當原鄉族人完全無能力與經濟實力雄厚之漢民抗衡經營時；又當林下經濟政府規定特許某些產物，如香菇、金線蓮等為合法林下作物，而當地居民既有之祖傳林下經濟作物，如孟宗竹、桂竹等屬非法時，必將成為政策擾亂偏鄉社會秩序及增加本就極度脆弱的原、漢關係緊張之風險因子。不論在地創生或林下經濟皆以「人」為主體，「土地」為必要因素，公部門之「態度」為核心主軸。故筆者以為今轉型民主政府之政策規劃，政府實應合縱連橫作務實探討，並應破除公部門之各個穀倉，讓基層感受到溫度，尤其在部落原鄉地區，唯有正視原住民之「土地」問題，部落族人始可能「用心」認同及參與，此乃為今政府期以在地創生、林下經濟及推動有機產業六星加值計畫等各項政策執行之成敗關鍵。

十三、【Yahoo論壇】大漢民族應反省，原住民族應自省2019/05/24

平權會（臺灣山地鄉平地住民權利促進會）108年5月14日於臺北陳情抗議，以進行修法或就地合法、釋放所有權給現耕作使用土地的漢族人民、原保地解編⋯⋯等為主要訴求。民主國家任何團體或個人為爭取自身權益，依法向政府陳請為屬民主常態人人皆應尊重，但爭取自身權益也應尊重他人，為民主自由之真諦。平權會霸權式的炮打「原住民」，陳請書中字字顯示對原住

民族群之不友善，諸如「……驅趕平地漢族農民，只爲將收回土地改分配予都會區原住民」、「原住民社會司法黃牛更以風險代理方式」、「原住民食髓知味」、「國民政府來臺後，施恩惠授與的土地」、「絕非原住民的祖產耕地」，尤其是「山胞改爲原住民是對其人格尊嚴之提升」聊備一格之閒曹。強烈爭取個人權益，應針對訴求舉證論法向國家請命，實毋需傷害本就極度脆弱的「漢、原互信機制」。

就事論事

1. 1684年一府三縣之前的臺灣，皆屬原住民過往領域之歷程毋庸置疑。又日治時期將原住民族原本180多萬公頃的生活領域限縮至約24萬公頃，國民政府延續日治舊有制度和管理範圍，將土地定名爲原住民保留地歷載明確。原住民刻正也向國家訴求要回土地（原權團體亦於108年5月9日赴立院提陳情書），但從不貶損山區大漢子民，原民會更再三強調必須兼顧大漢子民之合法權益。

2. 製造不實的歷史資料，矮化原住民在臺灣歷史文化存在。導正社會不正確之論述爲國家之責，政府應併強化國內對臺灣原住民族群及文化、原住民保留地之歷史脈絡及臺灣新住民等，社會及歷史之全民再教育。

3. 山地鄉之漢人受到原民會及部落原住民長期欺壓霸凌。就如同「山羌追黃鼠狼、小雞捉老鷹」之怪！更明確的說，原鄉地區居民只要有四成之漢民，則公所皆成漢族之公

所、農會成漢族之農會及代表會爲漢族所主導，部落原住民選擇噤聲不語，新生代被逼到牆角想另起爐灶。

4. 早年伐木或提煉樟腦油數代前之大漢子民入山，多爲依賴部落原住民之照顧，其子孫尙能知恩圖報並與原住民和平共處迄今；唯外地人、假農民或財團挾著雄厚資源收購土地並圖大量開發山林，自當不爲視山林如命之在地原住民「部落組織」所認同。

5. 合理化非法作爲再圖解除原鄉部落限制。早年原住民部落核列屬管制區，山區安全平和（無山老鼠、濫墾濫伐及部落安全，詳和出門不閉戶），隨著政府管制解除又無配套措施，山區部落完全變質。原住民族群堪稱爲臺灣綠色環帶，國土及山林保育之守護者，唯今有錢能使鬼推磨，尤其極少數大漢子民守法及道德水平尙不及日本大和民族，但赴日本旅遊卻是個個守法到人格提升。原轉會浦副總召忠成2019年5月15日更明確出，原保地不斷遭到蠶食，主管機關應該依法盡速作公私原保地總清查，並釐清合法、非法買賣及承租使用的狀況，對於合法承租者應保障其權益，而非法者則應堅持依法行政，維護國家公權力與法治。此正是原住民族群長年之共同心聲。平權會還要求土地市場化及土地解編，大漢子民面對大自然實應徹底反省，政府更應爲臺灣2300萬人民之未來，本於職權愼酌權衡。

僅就本案，原住民族群著實應具危機意識。「平權會」具強勢族群人數之絕對優勢、政府行政、立法及地方組織……等，不但曲解歷史、合理化其不當作爲，且陳情力道逐年增強。而「原權會」無任何資源，原住民族群係鬆散的團體（僅爲烽炮四射無關痛癢）、又原鄉部落逐漸弱化，提早進入實質同化步程而不自知之憂。唯有當今原住民族精英能自省，早年僅爲個體謀求爲政（官）之道，宜調整改採團體組織謀略，即用心回頭求助或學習部落，並協助建制「部落組織」，作爲未來爭取或保障權益之磐石動能及強而有力之支撐後盾。筆者經長年觀察，政府行政組織系統、任何組織團體、部落社團協會及至非法覬覦山林土地及資源者，絕不樂見部落（族群）組織之成立及成長（因分權，職權及利益競合）。簡如切身實例，解嚴後原住民族群族語、文化及土地，雖然爲國家政策支持，但依然快速流失，主因執行者，非「部落組織系統」，而是國家「公務系統之組織」。唯有籌建自屬部落及族群組織並認同團結，始具族群成長發展之空間，其乃堅守家園、保護國土及族群存亡實力之保證。

十四、【Yahoo論壇】「部落組織」之參與爲「在地創生」成功之要件2019/04/16

　　原住民族發展最大困境在「政策、制度及法令法規」，今蔡總統英明睿智爲原住民開啟一扇窗，原住民主管機關實應珍惜並遵循總統「由下而上之民意及部落爲主體」之意旨，順勢併作

機關組織轉型及調整，俾利服務及扶持臺灣原住民各族群。依據九十五年訂定《行政院原住民族委員會推動原住民族部落會議實施要點》，原住民族委員會應協助原住民族部落建立自主機制。唯今各部落會議組織皆形同虛設有名無實；或將部落會議併作村里民大會討論相關道路、水管、貓狗及偷竊等常態事項；或部落會議權力無限上綱，導致與公所相對立；或為地方組織團體相互排擠；或成為不同派閥操作政爭之工具，反成阻礙原鄉部落團結及發展。

　　「部落會議」原始立意良善，應屬族群（或部落）之對外窗口、族群自我保護、培養族群團結及自我成長發展之機制，唯設計上欠缺周圓而導致實際執行上之困境。

　　筆者以為，原住民主管機關應積極主動為原住民族群之未來發展，預作「層級成長、組織轉型調整及族群組織建構」之籌謀，因過往威權管制政體（同化政策），所建制之原民會六局處，已甚難遂作突破政府民主轉型施政（服務為導向）之各類新措施。於原住民主管機關層級尚未調整前，應優先於政府體系外，建置屬原住民族群，自屬由上而下之「系統性層級組織」，因其乃原住民真實存在及施政之主體（軸）。細言之，於中央應建置各族群之民族代表（屬族策顧問），並置族群代表聯席會議，因各族群皆應具資格及權利，直接參與原住民重大政策之研議及監督原民會；另主管機關應輔導建置16族群各族群議會（或會議），以整合、團結族群及作為族群之對外窗口；於各部落設置「部落會議」之組織。也即「部落組織」建置如語言、文化等

小組分工執行;「族群組織」建置語言中心及文化中心;「中央」建置以民族代表為主軸之政策研發中心;「公部門」應由威權時期之強勢主導,退居從旁協助及扶持之角色。原住民政策因不接地氣,援例為屬煙火秀場部落族人無感,專案結束(預算用罄)部落一切歸零,周而復始。明確的說,原民會應先組織部落並教育部落,唯有「部落組織」之認同及參與,部落發展及部落之在地創生始有成功之可能。

為強化族群「部落會議」之功能

1. 主管機關應研設專責輔導及導引族群或部落組之機制。
2. 明訂公務系統及部落組織系統之主要任務區分(避免權責相競合,直接為地方行政系統體系排擠)。
3. 明確「部落會議主席」之職責、權利義務及福利,俾使族人預見其功能及價值而予認同支持。屬「公務系統」之公所及屬「原住民族人系統」之部落會議,本就應皆以標的族群族人之權益、福利及願景為建置目的,若「功能及權責」明確,則必可分工及合作非寇仇以對。為如公務系統難以深入之族語、文化、教育承傳等,應以「族群系統組織」為主軸,其他由具專業及握有行政資源之「公務體系」辦理,唇齒相依、相互尊重,著實為原住民各族群永續發展之根基。

十五、【Yahoo論壇】設置「族語專責機構」之期許 2018/11/26

　　立院於2018年11月20日通過設置專責機構（《財團法人原住民族語言研究發展基金條例》），以推動原住民族語言之承傳、教育、典藏及研究發展等，唯將如何務實推行，才是部落族人所關注。筆者以爲語言應回歸族群爲主體，應避免威權時期由公部門及大漢思維之強勢主導，尤其語言、文化及耆老刻正與時間賽跑，著實無從再等待。我們這一代不用心，下一代己毫無逕作族語及文化保存之能力。僅就目前之現實困境略述，如：系統性原住族教育制度之欠缺、看不到未來願景使族語家庭化難落實、師資培育及課程之不足、千詞表及九階教材係以漢字爲本（翻成族語）欠缺各族文化內涵、多頭馬車各立山頭，原民會、文化部及教育部等各「主管機關」，皆可自編教材讀本，但皆無從嚴核審及品管機制、公部門著重短期及各類績效型活動爲主，及專家學者著重「新創詞」之研發，而輕忽部落最關注的「曾是眞實存在，卻卽將從自己手中消失之傳統族語及文化」。每一位從業人員皆非常努力，唯欠缺核心主軸及共同目標而內耗空轉。

　　欣見立院通過設置專責機構得以整合，原住民族群族語及文化之復振，筆者以爲必須及時回頭務實做起（卽先診斷再投藥）。原住民「教育體系」其內涵爲原住民「傳統知識」，而原住民傳統知識體系之建構，宜採資源總清查執行（卽總盤點之概念）。清查工程應由原住民主管機關統籌設計規劃，由各族群「民族議會」據以執行，部落「年輕族人」分組、分工並分篇分

項分目分次辦理，唯有部落故事由部落族人自己說，始具實益及能作完整之詮釋，亦甚符合政府轉型「由下而上」民意之施政理念。另「族語推廣員」應協助設計、規劃族群族語及文化發展事宜（非任族語老師）；部落「替代役」應為族語及文化推展工作之協助執行（非填補部落人力之不足），故為落實執行，未來專責機構之基金會董事（9—17人），應由各「族群」遴派代表任之。政府對原住民應由早年的「給魚吃」，調整為「教他如何及到那兒釣什麼魚」，俾促其及早成為自足成長之有機體。

十六、【Yahoo論壇】母語應該回家學？原住民「傳統知識體系」之建構2018/11/20

　　有感「母語應該回家學」之論述，各方解讀各有理，但尚能學什麼？又能教什麼？要如何承傳？母語之根基為何？才是負責任的政治或行政所應關注的。原住民「傳統知識體系」之建構，為原住民傳統知識的採集、理解及系統性建置，即臺灣原住民族群健檢及盤點之概念，俾作民族治癒、文化復振之基礎，實乃未來民族教育體系、民族自治、民族認同之主要內涵。傳統知識體系之建構，宜採「原住民資源總清查」方式進行，即以長時期強權統治下，目前各族群殘存文化、語言、生活記憶等之總清整（分類、分項、分目、分次等，並分組、分工執行），可據以分流執行後續相關事宜者，如歷史真相、強化國家文獻、教育課綱、族語教學、族語認證或檢定、文化承傳及各項修正建議、行

政立法措施。

　　現行原住民教材主軸之九階教材、千詞表等，皆採用漢文爲腳本翻成族語之「漢式」族語，且大拼盤式之編造，嚴重欠缺及空洞化各族群族語文化教材，且編造多非經語言使用族群或部落認同之程序，當政府形塑成原住民族教育之主軸，其影響何豈深遠！

　　原住民文化是部落緊密關聯性之集體記憶，絕非片段紀錄之總合，且唯有族人始能作自屬族語及文化完整之詮釋。小確幸！國家由威權轉向民主，公部門實應隨政府施政之轉型，而作「組織及心態」之調整以銜接地氣。又原住民主管機關極力爲原住民研發「新創詞」之同時，應併同正視部落族人所最擔憂及關注的「曾是眞實存在，而卽將喪失之傳統詞彙及文化」。另政府應教育及導引原住民族群，從長時期「被研究者」，轉換爲「自我研究、自我定位」之角色，及早成爲能自足成長之有機體。最後公部門應改採「行政指導」、專家學者「從旁協助」之角色，母語應回家學指日可待，亦甚符合總統「由下而上」之民意及夷將主委「部落爲主體」之轉型施政理念。

十七、【中國時報・時論廣場】讓軍公教上街抗爭是國恥2016/09/02

　　「社會榮景」臺灣錢淹腳目時期，無人願任公職，公職人員是被社會所漠視及鄙視的可憐族群；「景氣不佳」引起民怨時，

政治人物為爭取選票及政權，刻意操弄分化族群，汙衊公務人員為米蟲，形塑成全民公敵。早年任公職「依法」退休的公務人員，執政者竟未維護他們的權益，僅以「影響社會觀感」，隨政客起舞及臣服假民意，任其作為政黨惡鬥下的供品。

　　政黨輪替後，諸多改革為人民所期待，但國家轉型所遺留的歷史共業及過失，不應由「執行」政策的事務官來概括承受。新任蔡總統承負人民高度期許，若政府及政治人物真願為下一代著想，應著眼於長遠的政策，仿效日本、新加坡、韓國及中國大陸，全力營造國家的大環境、大氣度與大格局，思考如何立足國際、振興國家經濟，使人民都有工作、能預見未來願景，並全力提升到全民「均富」，而非倒退到劫財濟窮，逼使企業及人才外移。政府更不為應設特定議題，整肅屬國家中堅之軍公教人員，卻讓政務官及政客（立法委員）擁權自肥，竟可支領「超高薪資」、仍核予「退職金」且又有「18%」，他們才是應該為優先改革的對象。

　　於民主政治國家中，任何措施必須依法行政，主政者更應有擔當與勇氣信守「誠實信賴」之基本原則，對公開法令（明文或任何形式之承諾）核予的權益應全力維護，若時代變遷，確有必要調整，則應訂落日條款，明令公告全國人民周知，人民可據以作正確認知以及職業選擇判斷，子女可免耗時數年準備國家考試，可直接就其所學專長及興趣赴民間企業，爭取更多報酬與多樣性的工作選項。

　　為臺灣未來發展，應盡速設立跨部會、跨黨派的專案小組，

將全國公務體系（含國營事業）的待遇支給標準，重作通盤檢討，並經法定程序予以制度化執行之。即興式的改革或頭痛醫頭腳痛醫腳，每逢選舉就分化臺灣人民，政治操弄，非人民之福也重創政府威信。不論政權屬哪個黨派，公務人員都是忠誠理性，讓畢生奉獻給國家的退休人員上街頭抗爭眞是國恥！

十八、【自由時報‧自由廣場】原住民分級認證測驗之擬議2014/09/24

　　預訂本（103）年12月20日舉辦原住民族語分級認證測驗，堪稱原住民族語復振之里程碑，惟既定位「國家考試」，設計規劃上應具國家級考試籌備之樣態，備受原住民質疑部分爲：命題人員資格、條件及能力，如新手命薪傳級之疑慮；以命題研習之名，作實質之命題工作；尚非成熟之千詞表爲命題範圍；分級測驗應逐級作配分比重之差異度；「高級」級應是族語評測之最高層次，薪傳級係跳脫該範疇；當薪傳級之考試，採近似高級級題型評測之結果，爲語言學家、專家學老（含碩、博士生）必然輕易考上（因其瞭解語法結構及字母音）、精通族語及文化之部落耆老，要考上則難如登天；薪傳級者，必以深厚之族語能力爲根基，著力於各族群文化特性、近消失深層文化之挽救及族群生存條件等，未來更致力各屬族群文化、族語、承傳之研究，及更可補足原民會面對16族群「文化專業能力」之缺漏，若非審愼取才，則必產出滿街若似無業遊民之薪傳師，對政府照護臺灣原住

民族群之美意大打折扣。

十九、【自由時報‧自由廣場】（原住民事務　漢民族思維）103/09/19

——原住民事務外包——

復振原住民族族語、文化政策，為原住民族主管機關存在價值及主要任務之一，長年來原住民族事務多採委外，主管機關原民會成「發包中心」，魯凱族鍾思錦牧師明確指出，標的族群成取財「工具」。又政府長年僅就各需選擇作為，年輕原住民學子為「累積資歷」而趨之若鶩，年長者無奈多僅以「額外收入」為主，已故鄒語泰斗鄭政宗長老之最後感嘆，原住民傳統智慧受國家「收買及出賣」，吾等族語老師承受販售族人集體智慧之原罪。

「承包商」者，皆以「營利」為目的，而語言學家樂在不斷研究語言、院校旨在師資人才培育、專家學者為在不斷研究符合漢族理想型論述為傲，渠等直接影響或主導原住民政策或事務，且不承負原住民文化或語言復振之責任及義務；委外所研擬編製各資料，僅多為依順大漢民族思維及消化預算為主，品質及效能可議；原住民族主管機關實早應研設或建構強而有力，培育自屬原住民執行工作「機能或團隊」，及公正「核審」機制，以因應16個獨立不同個體族群未來之各項事務，甚符合國家保護及扶持少數民族永續發展之既定政策。

二十、【中國時報·名人論壇】別在鄒人傷口撒鹽 2012/12/05雲嘉新聞

　　政權形塑神化故事，原在利於統治轄屬少數民族誠能理解，不同時代背景有不同時代之產物，我們無權論斷過往歷史之是非善惡，若有助於社會公平正義之大原則，自可挺而行之無可厚非，若反之則應棄之，「吳鳳神話」就是一例。

　　「仁聖」吳鳳者，在日治時期，日本政府為了「治蕃」宣揚吳鳳故事，爾後國民政府如法炮製「吳鳳神話」，彼時原住民強烈抗議，並高舉「不要神話要歷史」旗幟走上街頭；嘉義市火車站前吳鳳銅像拉垮事件，由無言抗議到上街頭抗爭、毀損的實際行動，最後政府將吳鳳故事從國小教科書中刪除平息。

　　吳鳳神話故事，政府前已明確「刪除」，吳鳳銅像、吳鳳紀念公園等本應隨同教科書消音在公部門之內，但縣府開發吳鳳雙園、阿管處保有吳鳳銅像，以有爭議性的「史料」招攬觀光，無異是在鄒人傷口上撒鹽。

　　吳鳳公，鄒民從不全然抹殺其勇氣和事蹟，但政府機關強勢以觀光目的，重塑汙辱並歧視原住民的「仁聖吳鳳」故事，作法已讓原就脆弱的互信機制更顯惡化。

拾壹、結語

　　轉趨多元文化、自由民主社會的台灣，原住民族群及傳統文化確實有其存在價值，且足可代表及定位為台灣人類史中核心主軸之列，國家應優先協助就殘存記憶中，系統性作台灣原住民族歷史及傳統知識體系之建構，並核列屬台灣歷史教育具體內涵。

　　期勉未來屬原住民族群之政治人物、原住民專家學者、各族群精英及年青族人朋友們，在國家政策支撐有利環境下，應有學習明確原住民族事務主、次系統，並作政策創新超前部署之思維，另用心向部落學習，找回屬自己獨有殘存的祕密武器——族語及文化。應如小白豬自我認同的終所領悟；又如豬媽媽的各族群長者mo maan'i 'o… lamiano o'te ta'cx'ha, ma o'a lamia pexhcx'hi（有很多……我們是想得到，但我們卻做不到）的無奈！故台灣原住民族族人朋友們，應強化自我認同感，並以族語及文化武裝自屬部落及族群，要應揚棄仰人鼻息妄自菲薄之心態，更要學習承擔未來會產生的任何變化，有尊嚴的避免成為國家長期的經濟負擔，及受同質化及至實質同化之亡族危機。

　　「組織」為整體信念之總合，其具持續性、公定性及隱含無窮能量，原住民族人更應意識到，唯有「自我認同」及「族群團結」，始具有任何權益爭取、抗拒不公等任何主張之資格條件，

成熟之「部落組織」更爲是應對外力強而有力之磐石後盾，各族群應自我營造可交換係數能量，建制團體目標願景，及早成爲能自足成長之有機體，期能與現今或未來，台灣各執政政權共存共榮相互輝映，共同創造下一個新的台灣奇蹟。

作者父、子倆，誠摯感謝甚多朋友們不吝指導及提供建言，如多位鄒族耆老，尤其具鄒語優級資格之莊老師作鄒語部分之義務協助。筆者最慶幸則爲，延續先前撰寫智慧之毛首本，身邊有95歲的老母親’asako等耆老之指導及教晦、70歲大哥halu等兄長叔伯對傳統文化部分之協助、50歲么弟’avai等弟妹對族語領域之協力及30歲以下子孫輩，年青世代嶄新觀念之融入，鄒族文化老、中、青不同年代，時間軸縱深近一世紀的記憶與理解彙總概述；屬漢族農業委員會農業張老師、阿美族文化美學專家阿雅小姐、鄒族名聲樂家阿芬小姐等橫向不同專業領域的聞風響應強烈支持，漢族牽手yangui更是緊迫盯人的強力陪伴支持，常以：若有餘力及能力，應爲台灣原住民族及自屬族群盡心盡力，亦爲功德布施廣結善緣。感謝！台灣原住文化事業發展基會之資金補助及台中市白象文化事業有限公司編印等全力協助得以順利竣事。

ma'veoveoyx！（誠摯的感恩！）能與您結緣。

poa'sola xmnx na mansonsoumu！（再見；祝願您每一次的呼
吸都很順暢；要記得呼吸哦！）

yokeoasu！（肩火旺盛！精神奕奕！）

國家圖書館出版品預行編目資料

小白豬的自我認同：智慧之毛. 第二集／Voyu.W
（吳新光），Iusungu.W（吳伯文）合著. --初
版.--臺中市：白象文化事業有限公司，2021.12
　　面；　公分
中文、鄒語對照
ISBN 978-626-7056-14-1（平裝）
1.鄒族 2.民族文化 3.種族認同
536.335　　　　　　　　　　110016588

小白豬的自我認同（智慧之毛第二集）

作　　者　Voyu.W（吳新光）、Iusungu.W（吳伯文）
族語校對　莊孝美、吳新光
中文校對　陳秋燕、陳瑩祝、林金郎
美術設計　吳怡萱
發 行 人　張輝潭
出版發行　白象文化事業有限公司
　　　　　412台中市大里區科技路1號8樓之2（台中軟體園區）
　　　　　出版專線：（04）2496-5995　　傳眞：（04）2496-9901
　　　　　401台中市東區和平街228巷44號（經銷部）
　　　　　購書專線：（04）2220-8589　　傳眞：（04）2220-8505
專案主編　黃麗穎
出版編印　林榮威、陳逸儒、黃麗穎、水邊、陳媁婷、李婕
設計創意　張禮南、何佳諠
經銷推廣　李莉吟、莊博亞、劉育姍、李如玉
經紀企劃　張輝潭、徐錦淳、廖書湘、黃姿虹
營運管理　林金郎、曾千熏
印　　刷　基盛印刷工場
初版一刷　2021年12月
定　　價　270元

財團法人
原住民族文化事業基金會
Indigenous Peoples Cultural Foundation
原住民族電視台 & 原住民族廣播電台
Taiwan Indigenous TV & FM96.3 Alian Radio

TITV 16
Alian 96.3

財團法人原住民族
文化事業基金會　補助

白象文化　印書小舖　出版・經銷・宣傳・設計
www.ElephantWhite.com.tw　自費出版的領導者　購書 白象文化生活館